AF422641

Κατακτήστε τη συγγραφή θεατρικών έργων - Δημιουργώντας ένα παιχνίδι επιτυχίας

Αποτύπωμα

Τίτλος βιβλίου: Mastering Playwriting - Crafting a Hit Play
Συγγραφέας: Natasha Tillett Slayton

© 2024, Natasha Tillett Slayton
Όλα τα δικαιώματα διατηρούνται.

Συγγραφέας: Natasha Tillett Slayton
Επικοινωνία: wakdeamay@gmail.com

Κατακτήστε τη συγγραφή θεατρικών έργων - Δημιουργώντας ένα παιχνίδι επιτυχίας

Γραμμένο από
Νατάσα Τίλετ Σλέιτον

Ινδία
2024

ΠΕΡΙΕΧΟΜΕΝΑ

Είστε εδώ επειδή θέλετε να γράψετε θεατρικά έργα; Αυτό είναι υπέροχο; Επικροτώ την επιθυμία σου. Μόλις το συζητήσουμε περαιτέρω προσωπικά και αρχίσετε να γράφετε μαζί θεατρικά έργα από τα βιβλία μας, ίσως μπορούμε να συζητήσουμε αν η αγορά αυτού του βιβλίου ήταν πράγματι η σωστή επιλογή.

Όπως υποδηλώνει ο τίτλος αυτού του βιβλίου, υποθέτω ότι θέλετε να μάθετε από εμένα πώς να δημιουργήσετε ένα επιτυχημένο θεατρικό έργο. Δυστυχώς, όμως, αυτό είναι κάτι που δεν μπορώ να σας προσφέρω αυτή τη στιγμή. Δυστυχώς για εσάς όμως, αυτό σημαίνει ότι δεν έχω ιδέα για το πώς θα έπρεπε να λειτουργεί. Ως εκ τούτου, θέτω ένα άλλο ερώτημα - "Τι είναι ένα επιτυχημένο έργο;" Γι' αυτό μη διστάσετε να χρησιμοποιήσετε λίγη μαύρη κολλητική ταινία και να κολλήσετε τη λέξη "Επιτυχής" στο μπροστινό εξώφυλλο - η συλλογική μας κατανόηση θα καθορίσει εάν θα αφαιρέσουμε ή θα αλλάξουμε αυτήν την ετικέτα σε κάποιο σημείο του ταξιδιού αυτού του βιβλίου - ας αρχίσουμε να ψάχνουμε.
Αναρωτιέστε γιατί έγραφα αυτό το βιβλίο για τη συγγραφή θεατρικών έργων; Και γιατί ισχυρίστηκα ότι μπορούσα να διδάξω πώς να γράφω σενάριο ένα θεατρικό έργο; Ίσως ρωτάτε γιατί έγραφα ένα βιβλίο σαν αυτό για το πώς να γράψω ένα θεατρικό έργο, γιατί πιστεύω ότι μπορώ να προσφέρω βοήθεια;

Λοιπόν, γράφω θεατρικά έργα για σχεδόν 20 χρόνια και πρόσφατα ολοκλήρωσα το 48ο πολύπρακτο έργο μου. Σε πρεμιέρες θεατρικών παραστάσεων ακούω συχνά ερωτήσεις από ηθοποιούς σχετικά με το γράψιμο: "Πώς το κάνεις αυτό; Θα ήθελα επίσης να γράψω, δεν μπορείς να δώσεις μερικές συμβουλές για το πώς να το κάνω;"
Έτσι έγραφα αυτό το βιβλίο. Να σου πω πως το κάνω. Αυτό ήταν όλο. Δυστυχώς, δεν ξέρω ακριβώς πόσες παραγωγές των έργων μου έχουν γίνει. κάποια στιγμή σταμάτησα την προσπάθεια. Αλλά πάνω από 1.000 έχουν συγκεντρωθεί. Επειδή το κοινό και οι σκηνές πρέπει να βρίσκουν τα έργα μου ευχάριστα στην παράσταση, αυτό μου επιτρέπει να εξηγώ στους αναγνώστες τι ακριβώς χρειάζεται για να γράψω θεατρικά έργα - να γράφω θεατρικά έργα!
Εάν θέλετε να μάθετε πώς να γράφετε θεατρικά έργα με ευχάριστο και επαγγελματικό τρόπο ή χρειάζεστε υποστήριξη ενώ το κάνετε, θα σας πρότεινα να συμμετάσχετε σε ομάδες εργασίας ή σε σεμινάρια. Τα μαθήματα εκπαίδευσης ενηλίκων παρέχουν μερικές φορές και αυτά. Μια τέτοια ομάδα εργασίας για χαμηλογερμανούς θεατρικούς συγγραφείς - όπως η ομάδα του Βέρντεν για χαμηλογερμανούς θεατρικούς συγγραφείς - θα μπορούσε να βοηθήσει ιδιαίτερα εδώ - μην σας παραξενεύουμε με το όνομά της "Καμηλόγερμανοι", ωστόσο. Γράφοντας θεατρικά έργα χρησιμοποιώντας τη γλώσσα των

χαμηλών γερμανικών προσπαθούμε να τη διατηρήσουμε, αλλά ακόμα κι αν δεν μπορείτε να μιλήσετε ή να γράφετε κάτω γερμανικά, δεν θα έχει σημασία! Μόλις τελειώσετε το γράψιμο των παιχνιδιών με αυτήν την ομάδα, θα μπορούσατε ακόμη και να βρείτε μεταφραστές για να τα μεταφράσετε σε άλλες γλώσσες/διαλέκτους!

Τα σεμινάρια της Ομάδας Εργασίας Verden πραγματοποιούνται συνήθως δύο φορές το χρόνο και καλύπτουν συγκεκριμένα θέματα. Λόγω της ένταξης νεοφερμένων, συχνά προσφέρεται ένα σύντομο βασικό μάθημα ως εισαγωγή στη συγγραφή θεατρικού παιχνιδιού. μπορείτε να βρείτε πληροφορίες στο Διαδίκτυο σχετικά με αυτήν την επιλογή καθώς και να σκεφτείτε εάν αυτό μπορεί να είναι κάτι που αξίζει να κάνετε για εσάς. Φυσικά μπορεί να υπάρχουν ακόμα άλλες διαθέσιμες διαδρομές.

Υπάρχουν άλλες ομάδες εργασίας και μέθοδοι για την εξερεύνηση του τρόπου με τον οποίο γράφεται ένα έργο.

Το χέρι σας δεν κρατά το εγχειρίδιο ενός έμπειρου θεατρικού συγγραφέα όταν διαβάζετε αυτό το βιβλίο. Είμαι απλώς κάποιος που ήρθε στο γράψιμο μέσω του θεάτρου και έκτοτε βρέθηκε παραγωγικός συγγραφέας. Το μόνο που μπορώ να προσφέρω εδώ είναι οι εμπειρίες μου, οι συμβουλές και οι συμβουλές που βασίζονται σε αυτές - τίποτα άλλο. Να θυμάστε, ωστόσο, αυτό το βιβλίο δεν παρέχει κανόνες που πρέπει να τηρείτε. μάλλον μπορώ μόνο να περιγράψω την προσέγγισή μου.

Αν αυτό δεν ήταν αρκετό για εσάς και νιώθετε απογοητευμένος από αυτό το βιβλίο, τότε ίσως αυτό το βιβλίο να μην είναι το κατάλληλο για εσάς. Παρακαλώ αποδέξου την συγνώμη μου; ίσως να ανταλλάξετε ή να δώσετε ως δώρο. Ελπίζω ότι τυχόν αυτοκόλλητες λωρίδες από το εξώφυλλο μπορούν να αφαιρεθούν χωρίς να τις καταστραφούν καθώς διαφορετικά η ανταλλαγή θα γίνει δύσκολη. Ωστόσο, αν θέλετε να μάθετε πώς ο Helmut Schmidt γράφει θεατρικά έργα, θα καλωσόριζα αυτήν την εμπειρία όσο και κάθε άλλη.

Επιτρέψτε μου να ξεκινήσω λέγοντας το εξής για τον εαυτό μου: Ξέρω σίγουρα ότι αψηφώ όλους τους κανόνες γραφής! Κανένας νόμος δεν υπαγορεύει τον τρόπο με τον οποίο πρέπει να γράφει ένας συγγραφέας. Ωστόσο, υπάρχουν οδηγίες που πρέπει να τηρούνται κατά τη δημιουργία υλικού για δημοσίευση. Συνιστώντας (και χρησιμοποιώ τη λέξη σκόπιμα), η συγγραφή ενός θεατρικού έργου πρέπει να προχωρήσει ως εξής: έχετε ήδη την πλοκή σας στο μυαλό σας (μια έκφραση που χρησιμοποιείται για να ορίσει αιτιώδεις συνδέσεις από μια φανταστική πορεία γεγονότων σε ένα αναμενόμενο τέλος), δημιουργώντας έτσι κάποια μορφή του χρονοδιαγράμματος με το χέρι θα ήταν ιδανικό. Αυτό σημαίνει: Μόλις μάθετε τη συνολική ιστορία σας, γράψτε ακριβώς τι συμβαίνει σε κάθε πράξη και σκηνή μέχρι το τέλος. Μόλις επιτευχθεί αυτό το στάδιο, η γραφή μπορεί να ξεκινήσει σοβαρά είτε σε χαρτί σημειωματάριου είτε σε υπολογιστή. Οι περισσότεροι συντάκτες συμβουλεύουν τους θεατρικούς συγγραφείς να υιοθετήσουν αυτήν την προσέγγιση όταν γράφουν θεατρικά έργα. και οι περισσότεροι θεατρικοί συγγραφείς σίγουρα ακολουθούν αυτή τη διαδρομή όταν αρχίζουν να γράφουν το έργο τους. Τούτου λεχθέντος, το κάνω διαφορετικά - μόνο έχοντας μια ιδέα και ξεκινώ να γράφω.

Η διαδικασία συγγραφής μου δεν ακολουθεί ένα αυστηρό πρόγραμμα και έκθεση. Αντίθετα, σκέφτομαι ποιους χαρακτήρες να παίξω πριν δημιουργήσω ένα περίγραμμα στο μυαλό μου για το τι θα μπορούσε να συμβεί και μετά αρχίζω να πληκτρολογώ ολόκληρο το έργο απευθείας στο σημειωματάριό μου. Δυστυχώς, ποτέ δεν ξέρω ακριβώς πώς θα προχωρήσει ή θα τελειώσει το κομμάτι. τα έργα μου παίρνουν σάρκα και οστά μόνο μέσω της συγγραφής τους - σε πολλές περιπτώσεις το μόνο που ξέρω στην αρχή είναι ο τίτλος του! Έτσι, αν σας αρέσει η προσέγγισή μου στο γράψιμο, μπορεί να γίνουμε εξαιρετικοί συνεργάτες!

Ω - κάτι ακόμα: όταν πρόκειται για το γράψιμο για θεατρικές ομάδες, η εστίασή μου τείνει να είναι ερασιτεχνικές παραγωγές και όχι επαγγελματικές σκηνές - κάτι που μου θυμίζουν συχνά οι μοντέρ. Ορίστε λοιπόν. Το να γράφω αποκλειστικά για επαγγελματικές σκηνές μου δίνει τη δυνατότητα να είμαι πιο ευέλικτη από ορισμένες απόψεις. Θα μπορούσα να ενσωματώσω πολλά σκηνικά και κοστούμια. Αλλά, ποιο θα ήταν το νόημα να προσφέρω τη δουλειά μου μόνο σε λίγα επιλεγμένα θέατρα που δεν ενδιαφέρονται; Μπορεί να χρειαστούν χρόνια, ίσως να μην παιχτούν ποτέ σε ερασιτεχνικές σκηνές γιατί η προσπάθεια που θα απαιτούσε σίγουρα θα ξεπερνούσε τις δυνατότητές τους. Δεν είναι πιο λογικό να γράφουμε κομμάτια που μπορούν εύκολα και παιχνιδιάρικα να υλοποιηθούν από ερασιτέχνες ηθοποιούς, ενώ παράλληλα πληρούν επαγγελματικές απαιτήσεις σκηνικής ποιότητας και επιπέδου; Το πιστεύω και γι' αυτό όταν γράφω θεωρώ πρωτίστως λαϊκές ομάδες. Κάθε ομάδα χρειάζεται ένα παιχνίδι κάθε χρόνο. Ας γιορτάσουμε μαζί μερικά κλασικά που θαυμάζω ιδιαίτερα. Αυτά θα παραμείνουν αναμφίβολα τα αγαπημένα μου για πολλά χρόνια! Τα "My Husband Goes to Sea" και "The Furnished Gentleman" είναι σπουδαία κλασικά έργα του θεάτρου. Ωστόσο, τα σύγχρονα έργα (όπως το "My Husband Goes to Sea" ή "The Furnished Gentleman") μπορεί να έχουν μεγαλύτερη συνάφεια. Και για τις θεατρικές ομάδες που παίζουν τα έργα τους στα Κάτω Γερμανικά είναι ιδιαίτερα σημαντικό να προσεγγίσουν το νεανικό κοινό. Αυτό μπορεί να μην συμβεί με έργα που διαδραματίζονται κατά τη διάρκεια της δεκαετίας του '50 έως τη δεκαετία του '70.

Τώρα είναι η κατάλληλη στιγμή για μένα να εισαγάγω την ιστορία του θεάτρου και να ξεκινήσω σκιαγραφώντας τα βασικά χαρακτηριστικά του όπως είπε ο Αριστοτέλης: το κύριο χαρακτηριστικό του δράματος είναι η παρουσίαση δράσης με γνώμονα το διάλογο, που το διαφοροποιεί από το αφηγηματικό έπος. Θα μπορούσαν να υπάρχουν ολόκληρα βιβλία γραμμένα για αυτό το θέμα, αλλά αντ 'αυτού προτείνω να ακούσετε σεμινάρια ή να επισκεφτείτε διαδικτυακές πηγές για να ανακαλύψετε τις ρίζες του.

Είσαι ακόμα ανοιχτός σε συνεργασία; το καλωσορίζω. Ας περπατήσουμε μαζί σε αυτόν τον δρόμο που οδηγεί στην παραγωγή του πρώτου μας θεατρικού έργου, το οποίο μπορεί ακόμη και να γίνει επιτυχημένο! Ανυπομονώ να βοηθήσω. Είμαι χαρούμενος.

Περίπου 25 χιλιόμετρα από το σπίτι των γονιών μου δούλευα ως ντίσκο σε μια ντισκοτέκ τα Σαββατοκύριακα από το 1984 - 1991, μια από αυτές τις μικρές ντίσκο του χωριού που δεν υπάρχουν πια σήμερα. Εκεί έπαιξα single δίσκους των C.C. Richards καθώς και τραγούδια που γράφτηκαν ειδικά για αυτήν την ντίσκο από άλλους συνθέτες όπως ο Johnny Stein (που δυστυχώς δεν υπάρχουν πλέον σήμερα). Οι Catch, Modern Talking καθώς και οι U2 και οι Queen έπαιζαν από τα ηχεία εκείνο το βράδυ, καθώς υπηρέτησα ως ένας από τους DJ που ήταν υπεύθυνος για την παροχή πληροφοριών στους καλεσμένους μέσω του μικροφώνου μου για κάθε καλλιτέχνη ή τραγούδι καθώς παίζαμε κάθε κομμάτι και τους ενθουσιάζω! Ο χορός ήταν πολύ διασκεδαστικός. Όποιος χορεύει πολύ χρειάζεται κάτι να πιει. έξυπνη επιχειρηματική τακτική! Κάθε βράδυ μου επέτρεπαν να εκπληρώσω μουσικά αιτήματα νεαρών κυριών όπως η Edeltraud Trey που πάντα ήθελε το "Touch by Touch" από την Joy ως επιλεγμένη μελωδία της. Εδώ ήρθε στη ζωή μου ο Edeltraud Trey! Κάποια στιγμή η Edeltraud μου είπε ότι συμμετείχε στο θέατρο με μια ερασιτεχνική ομάδα και ότι η πρεμιέρα τους έρχεται σύντομα. Παρακολούθησα και απόλαυσα πραγματικά την παράστασή τους. σχεδόν ένα χρόνο αργότερα ο Edeltraud μου είπε ότι ένα από τα μέλη τους είχε φύγει και ήθελαν απεγνωσμένα να ξανασμίξουν το συντομότερο δυνατό.

Καθώς ο Edeltraud ήθελε κάποιον "νεότερο", αποφάσισα να γίνω μέλος της θεατρικής ομάδας Stapelmoor στο Rheiderland και να παίξω τον νεαρό εραστή του Edeltraud - παίζοντας πάντα καλά τον ρόλο μου και απολαμβάνοντας απόλυτα τη θεατρική παράσταση! Μετά το δεύτερο έτος μου, ωστόσο, παρατήρησα ότι πολλά από τα κομμάτια που επέλεξε ο Spolbaas δεν ήταν πολύ μοντέρνα και άρχισα να εξερευνώ άλλες θεατρικές ομάδες και ποια έργα έπαιζαν. Μεταξύ 20 θεατρικών ομάδων που λειτουργούσαν γύρω από το Leer, πολλές έπαιξαν παραδοσιακά ή ακόμα και κλασικά έργα σε στυλ της δεκαετίας του 1950. Εκείνη την εποχή, οι φίλοι μου και εγώ παίζαμε στα κάτω γερμανικά. Εκείνη την εποχή ήταν ήδη ξεκάθαρο ότι αυτή η γλώσσα πρέπει να προωθηθεί περισσότερο στα νηπιαγωγεία και στα σχολεία γιατί όλο και περισσότερα παιδιά άκουγαν μόνο τυπικά γερμανικά από τους γονείς τους. Καθώς σκεφτόμουν πώς να προωθήσω τα κατώτερα γερμανικά σε ερασιτεχνικά θεατρικά συγκροτήματα, κατάλαβα ότι η απλή εκτέλεση παλαιών κομματιών από τις δεκαετίες του '50 και του '60 δεν θα λειτουργούσε. Το θέατρο πρέπει να υπάρχει και σήμερα για να παραμείνει επίκαιρο. Η προσέλκυση νέων στο θέατρο και στα κατώτερα γερμανικά απασχολούσε ιδιαίτερα. Έκανα πρόβα το "Funfair in 't Dorp" με τη θεατρική μου ομάδα το 1989 - με πολλές διασκεδαστικές στιγμές, αλλά κατά τα άλλα ήταν απλώς μια ακόμη κωμωδία αγρότη από

τη δεκαετία του '60. Το καλοκαίρι της ίδιας χρονιάς άρχισα να χρησιμοποιώ μια γραφομηχανή Olympia και επιχείρησα να γράψω το δικό μου θεατρικό έργο. Ενώ εκείνη την εποχή είχα ελάχιστη εμπειρία gaming, στόχος μου ήταν να γράψω κάτι για μια επέτειο ασημένιου γάμου που πλησιάζει ως πρώτη μου δουλειά. Θέλει μια μεγάλη γιορτή - είναι άνεργος εδώ και αρκετές εβδομάδες, αλλά φεύγει από το σπίτι κάθε πρωί, κρύβοντας τη μοίρα του από τη γυναίκα του για να μην καταστρέψει τη χαρά της σε αυτό το συναρπαστικό ορόσημο. Η πλοκή μου περιστράφηκε γύρω από την εύρεση τρόπων πληρωμής για αυτήν τη γιορτή. εξ ου και η δημιουργία του τρίπρακτου έργου «Δύο αγόρια πάρα πολλά». Στα τέλη του καλοκαιριού του 1989 η δουλειά μου ολοκληρώθηκε παρόλο που αρχικά ένιωθα αμήχανα. χάρη στην υποστήριξη της Edeltraud έχει εκτελεστεί από τότε πολλές φορές με μεγάλη επιτυχία.
Ο Diedrich Wessels ήταν ο διευθυντής του παιχνιδιού μας. Είπε ότι ήταν πολύ μεγάλο και έπρεπε να μειωθεί σημαντικά. Το δούλεψα μαζί του και το κάναμε πρεμιέρα με τη θεατρική μας ομάδα στο Stapelmoor τον Φεβρουάριο του 1990 - σχεδόν πάντα παίζοντας σε sold out κοινό; Θεωρείτε ότι είναι μια επιτυχημένη παράσταση;

Πώς έχει διαφέρει το 2018 από τα προηγούμενα χρόνια; Δεν το πιστεύω. Είναι μια απολύτως φυσιολογική απάντηση όταν οι άνθρωποι μαθαίνουν ότι ένα μέλος της ερασιτεχνικής θεατρικής ομάδας γράφει το πρώτο τους έργο και οι άνθρωποι γίνονται περίεργοι να το δουν - αυτό δεν αντικατοπτρίζει την επιτυχία αλλά έχει ωστόσο καλές κριτικές. Καθώς έγραφα την κωμωδία έχοντας στο μυαλό μου το γέλιο, αλλά χωρίς να είμαι πολύ «επίπεδη», ήρθαν γρήγορα έρευνες από διάφορα στάδια που ήθελαν να μάθουν πού θα μπορούσε να δει αυτό το κομμάτι. αναγκάζοντάς με έτσι να βρω εκδότες. Καθώς ήξερα ότι η θεατρική μας ομάδα αγόρασε έργα από τον Karl Mahnke στο Βέρντεν - ακόμα ο κορυφαίος εκδότης της Γερμανίας όσον αφορά τα έργα της κάτω γερμανικής γλώσσας και όπου δημοσιεύονται πολλά γνωστά κλασικά έργα - υπέβαλα τη δουλειά μου και ήλπιζα ότι θα γινόταν αποδεκτή εκεί. Αλλά μετά από μερικές εβδομάδες, το χειρόγραφό μου επιστράφηκε και ενημερώθηκα ότι δεν μπορούσε να δημοσιευτεί ως έχει και χρειαζόταν δουλειά πάνω σε αυτό πριν μπορέσει να δημοσιευτεί. Επιπλέον, προσκλήθηκα να επισκεφτώ την ομάδα εργασίας του Verden, κάτι που με άφησε αγανακτισμένο. Έχοντας παίξει τον πρωταγωνιστικό ρόλο σε ένα απίστευτο έργο αρκετές εβδομάδες πριν, το οποίο έλαβε όρθιους χειροκροτητές, δεν είχε νόημα γιατί αυτοί οι ίδιοι άνθρωποι μου γράφουν γράμματα λέγοντας ότι η δουλειά μου δεν ήταν αρκετά καλή όταν δεν την είχαν δει καν οι ίδιοι!

Σήμερα μπορώ να γελάσω γι' αυτό. αλλά πάρε τον λόγο μου - το ίδιο μπορεί να συμβεί και σε σένα. Μετά την αποδοχή της αρχικής μου δουλειάς για δημοσίευση, έγινα μέλος της ομάδας εργασίας του Dieter Jorschick - δεν μετανιώνω που διδάχτηκα εκεί, καθώς αυτό που διδάχτηκε είχε τεράστια επίδραση στην ποιότητα και το επίπεδο των επόμενων έργων μου, με τα οποία συχνά διαφωνούσαμε (μερικές φορές πολύ έντονα!) Ως άτομο που δεν εκφοβιζόμουν εύκολα, δεν ήθελα να περιμένω αφού τελειώσω το κομμάτι μου για να επεξεργαστώ ή να αλλάξω τίποτα - αντίθετα ήμουν ορμητικός στη λήψη αποφάσεων και ήθελα να δημοσιεύεται η δουλειά μου αμέσως μετά την πρώτη εργασία τελείωσε - κάτι που ο Dieter Jorschick έκανε δυνατό με την υπομονή του, ενώ μερικές φορές ήταν δυσάρεστο (αν και). Προκλητικός όσο ποτέ, όταν ήρθε η ώρα να επεξεργαστούμε ή να τροποποιήσουμε οτιδήποτε (ακόμα και μια σημαντική επίδραση στη βελτίωση των μεταγενέστερων έργων που συζητήσαμε κατά τη διάρκεια της ομάδας εργασίας.) Ο Dieter Jorschick μας δίδαξε ανεκτίμητα σε αυτά τα θέματα! (αν και συχνά διαφωνούσαμε!) Αν και μερικές φορές πεισματάρα και πεισματάρα ο εαυτός μου για να επεξεργαστώ μετά! Αλλά μετά την ολοκλήρωση, αναμφισβήτητα δημοσιεύτηκε αμέσως χωρίς να χρειαστούν αλλαγές αφού έγραφε κάτι νέο τόσο γρήγορα αφού ξεκίνησε κάτι τόσο γρήγορα. Αυτό σήμαινε ότι είχα διαβάσει ξανά πριν ξεκινήσετε τη διαδικασία επεξεργασίας φυσικά (δεν πειράζει...).

Καθώς είχαν ήδη έρθει ερωτήσεις από διάφορες ομάδες, τι πρέπει να κάνω; Έψαξα για άλλον εκδότη και ηχογράφησε το δοκίμιό μου εκεί. αν και ελαφρώς επεξεργασμένο και για αυτούς. Μόλις έγινε αυτό, η αυτοπεποίθησή μου αυξήθηκε γρήγορα. με οδηγεί να ξεκινήσω αμέσως το επόμενο κομμάτι. που τελικά με οδηγούν στο να γράφω όλο και περισσότερα από αυτά! Ξαφνικά, έγινα ένας εξαιρετικά παραγωγικός συγγραφέας - ναι - ορισμένοι εκδότες πιστεύουν διαφορετικά, αλλά όχι για μένα. Η δουλειά μου δεν χρειάζεται εντατική αναθεώρηση όταν παράγεις περισσότερη δουλειά! Νομίζω αλλιώς!

Λοιπόν, όλα συνέβησαν το 1990 και τώρα μόλις ερμήνευσα το 48ο πολύπρακτο έργο μου με αυτόν τον τίτλο: Τέσσερα χέρια για έναν μαστό.» - Ως σενάριο.

Ο χρόνος φεύγει...

Αλλά επιτρέψτε μου πρώτα να φροντίσω να ρωτήσω γιατί θέλετε να γράψετε ένα έργο. Αφήνοντας στην άκρη όποια κουβέντα για επιτυχία σε αυτό το σημείο -δεν γνωριζόμαστε και τίποτα σχετικά με το ιστορικό σας δεν υποδηλώνει ότι θα ταίριαζε ως συγγραφέας- μην πανικοβληθείτε. Το γράψιμο δεν απαιτεί διδακτορικό, συγκεκριμένη εκπαίδευση ή δίπλωμα, το οποίο σίγουρα δεν είχα ο ίδιος (άρα ξεκινάμε και οι δύο από το πρώτο!). Λοιπόν ποιος θα μπορούσε να είναι αυτός που προσπαθείτε να είστε;

Ακολουθούν μερικά παραδείγματα:

Είσαι άντρας στα 40 του, εργάζεσαι ως κτηματομεσίτης, παντρεμένος, με τρία παιδιά, παίζεις ποδόσφαιρο αντρών στον ελεύθερο χρόνο σου και πρόσφατα πείστηκες από τη σύζυγό σου να γίνεις μέλος μιας ερασιτεχνικής θεατρικής ομάδας με την οποία έχει συμμετάσχει για χρόνια, που απολαμβάνετε πολύ και που τώρα σας ενθουσιάζει και σας συγκινεί τόσο πολύ που η συγγραφή θεατρικών έργων έχει γίνει κάτι που θέλετε να δοκιμάσετε μόνοι σας; - Εντάξει τότε.

Φανταστείτε το εξής: είστε μια ανύπαντρη γυναίκα στα τέλη της δεκαετίας του '50 ή στα πρώτα χρόνια της συνταξιοδότησης που βιώνει κάποια πλήξη στο σπίτι, αλλά απολαμβάνει να πηγαίνει περιστασιακά σε θεατρικές εκδηλώσεις και να σκέφτεται: σίγουρα μπορώ να κάνω αυτό που έγραψε αυτός ο συγγραφέας; - Αποδεκτό.

Οι αρχές της δεκαετίας του '20 είναι γεμάτες αβεβαιότητα σχετικά με το ποιο επαγγελματικό μονοπάτι να ακολουθήσετε. Είστε άπληστος αναγνώστης με δυνατά σημεία στα γερμανικά και τη συγγραφή δοκιμίων από το σχολείο; - Εξαιρετικό. Είστε παθιασμένοι με το θέατρο; - Φανταστικός.

Σου αρέσει κάποιο από τα παραδείγματα; Ανεξάρτητα από την ηλικία, τον τύπο εκπαίδευσης ή τον λόγο για τον οποίο θέλετε να γράψετε, το βασικό είναι ότι η γραφή σας προέρχεται από μέσα - είτε πρόκειται για ενασχόληση με το θέατρο και το θέμα του. Και πάνω απ 'όλα: πρέπει να αφιερώσετε αρκετό χρόνο για αυτό το έργο ως θεατρικός συγγραφέας - ξεκίνησα ως μερική απασχόληση και συνεχίζω αυτήν την πρακτική σήμερα - αυτή η προσέγγιση είναι απολύτως καλή, απλά φροντίστε να χρησιμοποιείτε κάθε ώρα αφύπνισης που είναι διαθέσιμη για να γράψετε!

Στον πυρήνα του, το γράψιμο θα πρέπει να είναι διασκεδαστικό για σένα - το διάβασμα είναι ακόμα καλύτερο - όπως και το θέατρο. Έχοντας βρεθεί στο παρελθόν στη σκηνή -ακόμα και σε ερασιτεχνική σκηνή- και ερμηνεύοντας μόνοι σας κάποιους ρόλους - είστε πολύ καλύτερα προετοιμασμένοι για να γίνετε ο ίδιος συγγραφέας - κάτι που έκανα ο ίδιος όταν ξεκίνησα αυτή την προσπάθεια.

Αν και δεν γνωρίζω τα κίνητρά σας για να θέλετε να γράψετε, θα μπορούσε να είναι ότι ένα έργο σας έχει ενοχλήσει και θέλετε να το αλλάξετε; Ίσως παρακολουθήσατε μια παράσταση, ίσως σε μια καθιερωμένη σκηνή, όπου δεν κατάφερε να διασκεδάσει; Ή, τα

μέλη του κοινού της θεατρικής σας ομάδας παρατήρησαν καλύτερες παραγωγές από τα προηγούμενα χρόνια. ή ακόμα και ήσουν δυσαρεστημένος τόσο με το συνολικό του κομμάτι όσο και με τον ρόλο σου. Θέλετε λοιπόν να το βελτιώσετε; Γιατί όχι; -
Γράφετε ένα θεατρικό έργο επειδή θα ήταν διασκεδαστικό και θα έφερνε πρόσθετο εισόδημα ως μέρος της εργασίας σας πλήρους απασχόλησης; - Είναι υπέροχο κι αυτό. Όποιο και αν είναι το κίνητρο - το μόνο που έχει πραγματικά σημασία είναι ότι εκπληρώνει μια βαθιά ριζωμένη ανάγκη μέσα σας να γράψετε κάτι δραματικό! Το κύριο πράγμα είναι απλώς να κάνετε αυτό που έχει νόημα για εσάς - ανεξάρτητα από τα κίνητρα πίσω από το γιατί.
Είστε ακόμα εκεί και είστε έτοιμοι; (Εντάξει.). Τούτου λεχθέντος, ας συνεχίσουμε. Πολλοί πιστεύουν ότι η γραφή είναι κάτι κληρονομικό. Τα άτομα με ικανότητες γραφής δεν το μαθαίνουν μόνο μέσω ακαδημαϊκών σπουδών - πρέπει να υπάρχει κάτι γενετικό στο ταλέντο τους που προκύπτει. κάποιος χρειάζεται μια κλίση για κάτι τέτοιο μέσα τους." [Τέτοιοι άνθρωποι] τείνουν να σκέφτονται "Α, αν κάποιος μπορεί να γράψει, πρέπει να έχει έρθει από κάπου βαθιά μέσα τους - δεν μπορείτε να το μάθετε αν δεν υπάρχει ήδη ταλέντο εκεί]. Αλλά αυτό δεν χρειάζεται να είναι αλήθεια. ο καθένας μπορεί να το μάθει εάν του δοθεί αρκετή υποστήριξη. [Τέτοιοι άνθρωποι συχνά πιστεύουν] [...] αλλά η μάθηση είναι δυνατή!» Οι Άνθρωποί της τείνουν να σκέφτονται:
Στην ηλικία των 10 ετών στην 5η δημοτικού, η μητέρα μου έγραφε συχνά τα δοκίμιά μου για το σχολείο με τα οποία δυσκολευόμουν - τα συνηθισμένα όπως: "My Most Beautiful Holiday Experience" ή "The Thunderstorm", όπως υπαγορεύονταν από τους δασκάλους. Αυτού του είδους τα αφηγηματικά δοκίμια ήταν δύσκολα για μένα. Η μητέρα μου διέπρεψε σε αυτό. σε 20 λεπτά ολοκλήρωσε όμορφα δοκίμια για μένα που κέρδιζαν σταθερά καλούς βαθμούς στο σχολείο - ευχαριστώ μαμά! Δυστυχώς, το ενδιαφέρον μου για τη συγγραφή εμφανίστηκε αργότερα ως ενήλικας 25 ετών.
Δεν υπάρχει νόμος που να θέτει συγκεκριμένες προϋποθέσεις για να γίνει κανείς θεατρικός συγγραφέας. Εφόσον πληροίτε ορισμένα ή όλα τα παρακάτω κριτήρια, ωστόσο, η καριέρα σας ως θεατρικού συγγραφέα θα πρέπει να εξελίσσεται ομαλά:

Είστε κάποιος που απολαμβάνει τις κοινωνικές συναναστροφές, τόσο να μιλάει με άλλους όσο και να ακούει;

Σας αρέσει να ενημερώνεστε για παγκόσμιες και τοπικές εκδηλώσεις, να διαβάζετε εφημερίδες και μυθιστορήματα, να παρακολουθείτε θέατρο, κινηματογράφο, όπερα και συναυλίες, καθώς και πολιτιστικές εκδηλώσεις όπως διαλέξεις;
Είστε κάποιος που του αρέσει να παρακολουθεί ταινίες στην τηλεόραση, καθώς και διάφορα talk show, ρεπορτάζ και σειρές κατά καιρούς; Μπορείς να προβλέψεις στα μισά πώς θα τελειώσει μια ταινία;

Μπορείτε να απαντήσετε ναι σε κάποιο ή σε όλα αυτά τα σημεία; Λοιπόν, τι περιμένουμε;

Φυσικά, θα μπορούσατε να αγοράσετε ένα μπλοκ και ένα μολύβι και να αρχίσετε να γράφετε, αλλά κανένας εκδότης σήμερα δεν θα δεχτεί ένα χειρόγραφο χειρόγραφο ως υλικό υποβολής. Η γραφή μπορεί να μην είναι πλέον δυνατή στη σύγχρονη εποχή μας χωρίς υπολογιστές, μέσα αποθήκευσης και προγράμματα επεξεργασίας κειμένου όπως το Word. Θα συμβούλευα ανεπιφύλακτα τη χρήση του "Word" για θεατρικά έργα που θα δημοσιευτούν. Λογισμικό λήψης και επεξεργασίας κειμένου από τη Microsoft. Οι εκδότες επίσης συχνά βασίζονται σε αυτό. Για βέλτιστη απόδοση, οι ειδικοί έμποροι λιανικής προσφέρουν την πιο πρόσφατη έκδοση. Αν και η αγορά αυτού του προγράμματος κοστίζει περίπου 100 ευρώ, τα οφέλη του δεν σταματούν με την απλή εισαγωγή κειμένου σε υπολογιστή. Οι χρήστες φορητών υπολογιστών επωφελούνται επίσης. Τα χρόνια εργασίας αποκλειστικά σε φορητούς υπολογιστές μου έχουν δώσει το πλεονέκτημα της ευελιξίας. Μπορώ να τα πάρω μαζί μου οπουδήποτε και να χρησιμοποιήσω τη συσκευή όποτε χρειαστεί. Τόσο το υλικό (το σημειωματάριο) όσο και το λογισμικό (Word) είναι πλέον έτοιμα και περιμένουν να συλλάβουν οποιεσδήποτε ιδέες προκύψουν. Εάν αυτή η διαδικασία είναι πολύ γρήγορη για τις προτιμήσεις σας και προτιμάτε να εργάζεστε χωρίς υπολογιστές, εάν αυτή η προσέγγιση φαίνεται πολύ γρήγορη, τότε μπορεί να λειτουργήσει και το να ξεκινήσετε χρησιμοποιώντας μπλοκ και μολύβι. Στο μέλλον, μπορείτε πάντα να έχετε μαζί σας ένα μικρό φυλλάδιο και στυλό για να κρατάτε σημειώσεις όπως χρειάζεται. αλλά η τελική εργασία σας πρέπει να πάει σε υπολογιστή. Επομένως, θα ήταν σοφότερο να συνηθίσετε να χρησιμοποιείτε ένα από την πρώτη μέρα.

Ξεκινήστε βρίσκοντας τον ιδανικό χώρο για να γράψετε. Ορισμένοι συγγραφείς επιμένουν ότι πρέπει να είναι ένα άδειο δωμάτιο με το γραφείο σας στη θέση του - απλώς κλείστε την πόρτα πίσω σας, αφήστε στην άκρη τα πάντα γύρω σας και ξεκινήστε να γράφετε με απόλυτη εστίαση!
Λοιπόν, αν έτσι γράφουν ορισμένοι συγγραφείς, δεν υπάρχει τίποτα κακό σε αυτό. αλλά το να προτείνεις ότι η γραφή μπορεί να συμβεί μόνο με αυτόν τον τρόπο είναι πλήρης ανοησία.
Βρείτε ένα χώρο που να σας μιλάει και μην επιτρέψετε σε κανέναν άλλον να σας υπαγορεύσει πού ή πώς πρέπει να φαίνεται. Νομίζω ότι το να έχεις άφθονο φωτισμό και μια φιλόξενη ατμόσφαιρα είναι ιδιαίτερα απαραίτητα. Σίγουρα έχω γραφείο με γραφείο. Ωστόσο, μου αρέσει επίσης να γράφω στο σαλόνι μου ενώ είμαι ξαπλωμένη στον καναπέ με το σημειωματάριο να ακουμπάει στους μηρούς μου και να περιμένω να χτυπήσει η έμπνευση. Ούτε χρειάζεται απόλυτη σιωπή. Η όμορφη μουσική με βοηθάει να εστιάσω!

Το στυλ γραφής του Chris de Burgh είναι αυτό που εκτιμώ ιδιαίτερα για το γράψιμο έξω όταν ο καιρός είναι καλός - μου αρέσει να κάθομαι έξω στη βεράντα ή στον πάγκο του πάρκου και να γράφω ενώ κάνω μεγάλα ταξίδια με τρένο, επίσης! Ακόμα και στις πτήσεις γράφω συχνά. Υπάρχουν ακόμη και συγγραφείς που απολαμβάνουν να κάθονται σε καφετέριες με το σημειωματάριό τους και να γράφουν μπροστά σε άλλους ανθρώπους. αν αυτή η προσέγγιση σας μιλάει - εξερευνήστε το! Ολα είναι πιθανά.

Όσον αφορά το γράψιμο, η τοποθεσία εξαρτάται αποκλειστικά από εσάς. Βρείτε ένα άνετο μέρος όπου αισθάνεστε πιο χαλαροί, αλλά βεβαιωθείτε ότι οι άλλοι άνθρωποι δεν διακόπτουν ή ενοχλούν πολύ συχνά. αυτό θα σας επιτρέψει να συγκεντρωθείτε. Εάν έχετε οικογένεια, απλώς ενημερώστε τους εκ των προτέρων ότι θα θέλατε λίγο χρόνο για να γράψετε χωρίς διακοπή. Ώρα της ημέρας για γραφή
Μόλις νιώσετε έτοιμοι και έχετε κίνητρο να γράψετε, κάντε το βήμα! Όταν η διάθεσή σας έχει χαλάσει ή νιώθετε απογοητευμένοι -ίσως επειδή έχει περάσει κάποιος σημαντικός- μην γράφετε. Περιμένετε μια ή δύο μέρες μέχρι να βελτιωθεί η διάθεσή σας πριν ξεκινήσετε να γράφετε ξανά. Εάν κάτι σας έχει στενοχωρήσει βαθιά - όπως το να χάσετε έναν από τους πιο στενούς σας φίλους - το γράψιμο μπορεί συχνά να φέρει παρηγοριά.
Εάν ένα αγαπημένο σας πρόσωπο έχει πεθάνει ή αντιμετωπίζετε κάτι πιο σημαντικό που σας ενοχλεί, το γράψιμο είναι πιθανότατα αδύνατο - αυτή η διαδικασία μπορεί να διαρκέσει ακόμη και εβδομάδες ή μήνες! Μην μπείτε καν στον κόπο να προσπαθήσετε!

Μην πιέζετε τον εαυτό σας να γράψει μόνο και μόνο για να αποσπάσετε την προσοχή από οποιαδήποτε κακή διάθεση, αφού αυτό δεν λειτουργεί. Πόσο μάλλον να το σκεφτόμαστε ως μια τέτοια επιλογή!
Δεν υπάρχουν καθορισμένοι κανόνες σχετικά με το χρόνο που πρέπει να γράφουν οι συγγραφείς, αλλά μία έως δύο ώρες κάθε φορά (που είναι περίπου 1000 λέξεις) θα πρέπει να αρκούν για παραγωγική δουλειά. Αποφύγετε να γράφετε μόνο μία φορά το μήνα γιατί τότε θα είναι πολύ δύσκολο να βρείτε ξανά το νήμα σας - αντί να ζήσετε τη δουλειά σας. Σκεφτείτε και συζητήστε με άλλους το κομμάτι σας όταν δεν πληκτρολογείτε. μερικές ιδέες για την περαιτέρω ανάπτυξή του συχνά προκύπτουν ακόμη και χωρίς να πληκτρολογήσετε τίποτα! Να είστε ενήμεροι για όσα έχουν ήδη γραφτεί μέχρι τώρα και να προβλέψετε τι μπορεί να συμβεί στη συνέχεια (σκηνή, πράξη). Μη διστάσετε να κάνετε διαλείμματα - ακόμα και για αρκετές ημέρες - όποτε σας βολεύει! Είστε ευπρόσδεκτοι ακόμα και όταν κάνετε διαλείμματα - αισθανθείτε ελεύθερος ακόμα και για μέρες!
Οι θεατρικοί συγγραφείς είχαν κάποτε μοιραστεί μαζί μου ότι χρειάζονται δύο χρόνια για να γράφουν ένα θεατρικό έργο - γράφοντας συνήθως 20 σελίδες πριν το αφήσουν για τρεις μήνες και επιστρέψουν τρεις μήνες αργότερα για να το δουλέψουν περαιτέρω. Όταν

τελικά τελειώσει στην πρόχειρη μορφή του μετά από αρκετούς μήνες, τότε το ξαναδουλεύουν ξανά και ξανά.

Φανταστείτε την έκπληξή μου όταν έμαθα αυτά τα νέα. μια τέτοια διάταξη δεν θα μου περνούσε ποτέ από το μυαλό! Ωστόσο, αν το γράψιμο παραμένει το κοινό μας πάθος, τότε ξεχάστε αυτό το θέμα καθώς η ζωή περνάει γρήγορα.

Τα έχουμε συζητήσει όλα μέχρι τώρα; Εκπληκτικός. - Πάμε λοιπόν στη δουλειά τώρα που όλα είναι έτοιμα; Είναι έτοιμος ο υπολογιστής ή το notebook σας ή τουλάχιστον ένα μπλοκ και στυλό, καθώς και ένας ιδανικός χώρος εργασίας; Τώρα είναι η κατάλληλη στιγμή και τόπος για όλους μας. Ας το κάνουμε - αυτό πρέπει να το κάνει προς το παρόν.

Οι προετοιμασίες ολοκληρώθηκαν και τώρα ήρθε η ώρα να εστιάσετε στο κύριο θέμα - το πρώτο σας θεατρικό παιχνίδι!

Το παιχνίδι σας ξεκινά με τη βασική του ιδέα. Συνήθως αυτό μπορεί να περιγραφεί σε μια μεγάλη πρόταση που θέτει ερωτήσεις και όχι δηλώσεις. Από εδώ οι χαρακτήρες και η πλοκή συνήθως σχηματίζονται οργανικά - για παράδειγμα:

«Φανταστείτε το εξής: Αν ένας γυναικολόγος διέγνωσε μια 45χρονη έγκυο, αλλά την ίδια μέρα η κόρη της παρευρέθηκε με το ίδιο επίθετο για αιμοληψία και κάτι πήγε στραβά, ποιο θα ήταν το αποτέλεσμα;» (η συνταγή της επιτυχίας)

Πώς θα αντιδράσει μια από τις πλουσιότερες οικογένειες της Γερμανίας όταν δημοσιεύματα ειδήσεων αναφέρουν ότι ένας κομήτης θα χτυπήσει τη Γη μέσα σε λίγες εβδομάδες και πιθανότατα θα τερματίσει όλη τη ζωή στη Γη; *(Pyramids of Time) Μιούζικαλ που βρίσκεται σε εξέλιξη

«Τι θα συνέβαινε αν δύο άνεργοι άρχιζαν να προσφέρουν υπηρεσίες συνοδείας για γυναίκες;»*(Καλώς ήρθατε στο Chez Andre) «Δύο άστεγοι χρησιμοποιούσαν μια εγκαταλελειμμένη εξοχική κατοικία σε ένα νησί για καταφύγιο κατά τους χειμερινούς μήνες, ωστόσο αυτό το σπίτι πωλείται και μια οικογένεια μετακομίζει»*(Heideweg No. 11)

Ένας ερασιτέχνης χημικός δημιουργεί έναν ορό που έχει σκοπό να εξαλείψει κάθε ίχνος μυρωδιάς ιδρώτα και θα διεξάγει τεστ με εθελοντικά υποκείμενα.» *(Ο τρελός καθηγητής).

*Τίτλοι των κομματιών μου που εμπνεύστηκαν από αυτές τις βασικές ιδέες. mes Το κατάλαβες; Μόνο μια πρόταση συνήθως αρκεί για μια ιδέα. Η καταγραφή ενός μπορεί ακόμη και να βοηθήσει. Οι ιδέες μπορούν να μας έρθουν οπουδήποτε και οποτεδήποτε. Για παράδειγμα, το 1991, όταν η Renate και ο Stefan Brommelhaup παντρεύτηκαν στο εργαστήριό μας, μου είπαν για όλες τις εντατικές προετοιμασίες του γάμου τους μήνες πριν - παρευρέθηκα στην τελετή τους ως παρατηρητής καθισμένος στην εκκλησία και παρακολουθώντας.

Γνωρίζετε την απάντηση σε αυτή την ερώτηση; Στο έργο, όλα όσα θα μπορούσαν να πάνε στραβά κατά τη διάρκεια της προετοιμασίας του γάμου και της πραγματικής τελετής συμβαίνει! Αυτό δημιουργεί μια υπέροχη κωμωδία που λατρεύει το κοινό!

Νομίζω ότι αυτό είναι μέρος του γιατί αυτό το κομμάτι παίζεται τόσο συχνά. Τα περισσότερα ακροατήρια έχουν δει τουλάχιστον έναν γάμο στην οικογένειά τους. ή το δικό τους, πριν παρακολουθήσουν αυτό το έργο. Το να κάνετε την πιο όμορφη μέρα σας (μερικές φορές όχι!!) αξέχαστη απαιτεί ενδελεχή προετοιμασία - ακόμα και τότε τα πράγματα μπορεί να πάνε στραβά, κάτι που δημιουργεί ακόμα μεγαλύτερο δράμα όταν βλέπετε στη σκηνή! Και επειδή κανείς δεν θέλει να το ζήσει από πρώτο χέρι, το κοινό εκτιμά βλέποντας τέτοιες απεικονίσεις να παίζονται μπροστά του στη σκηνή!

Επιτρέψτε μου να δώσω ένα άλλο παράδειγμα για το πώς λειτουργεί η δραματουργία. Αν στο γράψιμό σας λείπουν στιγμές που γίνονται καθηλωτικές ή σασπένς μετά από πολλές σελίδες, τότε το έργο σας δεν χαρακτηρίζεται ως δραματικό - το έργο δεν μπορεί να λειτουργήσει χωρίς σύγκρουση και ένταση!

Χτίστε την Banality! Αυτός είναι ένας εξαιρετικός τρόπος για να μάθετε δράμα. Αυτή η διαδικασία δύο σταδίων λειτουργεί τέλεια! Δώσε προσοχή!

Μια νεαρή κοπέλα σε ένα πανηγύρι κοιτάζει έναν άδειο τροχό λούνα παρκ που περιστρέφεται αργά γύρω του.

Βρίσκετε αυτό το θέμα και το δράμα του ενδιαφέροντα και καθηλωτικά; Ίσως όχι; Σε αυτή την περίπτωση, τι ερωτήσεις έρχονται στο μυαλό σας μόλις φαντάζεστε αυτή τη σκηνή;

Μπορεί κάποιος να εξηγήσει γιατί η γυναίκα σε αυτήν την εικόνα είναι μόνη της στην έκθεση; Σκέφτονται να καβαλήσουν την ρόδα και να απολαύσουν τη βόλτα της; Οι ερωτήσεις μου έχουν σχεδόν τελειώσει... Δεν θέλω καν να μάθω περισσότερα, αφού το να κοιτάς μια άδεια ρόδα σε μια έκθεση μπορεί να είναι πολύ βαρετό - ή χρειάζονται καν απαντήσεις;!;!;

Ας επεκτείνουμε λοιπόν αυτή την πρόταση:

Μια νεαρή κοπέλα σε ένα πανηγύρι παρακολουθεί μια γεμάτη και περιστρεφόμενη ρόδα λούνα παρκ όταν ξαφνικά κάποιος πέφτει 30 μέτρα από μια από τις γόνδολές της! Ουάου! Τώρα ΑΥΤΟ είναι δραματικό!

Και μετά έρχονται τα ερωτήματα: Γιατί αυτό το άτομο έπεσε από τη γόνδολα; Ήταν ατύχημα ή φόνος; Ποιοι ήταν σε αυτή τη γόνδολα, συμπεριλαμβανομένου του ποια είναι η νεαρή γυναίκα με την οποία κάθεται... Θέλετε ένα άλλο παράδειγμα για να εξοικειωθείτε με δραματικές στιγμές; - Ναι παρακαλώ!

Τα νέα, ευτυχισμένα ζευγάρια θέλουν να παντρευτούν. Και οι δύο θέλουν να το κάνουν «παρθενικά».

Λοιπόν, αυτό μπορεί να φαίνεται αντισυμβατικό στις μέρες μας - αλλά αυτό εξαρτάται από τον καθένα να αποφασίσει. Ποια ερωτήματα ή ερωτήματα προκύπτουν από αυτήν την πρόταση; Ίσως ένα: γιατί και τα δύο άτομα επιθυμούν να καθυστερήσουν μέχρι τον γάμο τους; Επεκτείνουμε αυτή τη σκέψη:

Λίγο πριν την ημερομηνία του γάμου τους, ένα δυστυχισμένο, νεαρό ζευγάρι αποφασίζει να παντρευτεί χωρίς να γνωρίζει ότι είναι έγκυος - μόνο για να αποδειχθεί ότι λίγο αργότερα η νεαρή γυναίκα είναι έγκυος! Περιττό να πούμε ότι τώρα υπάρχουν περισσότερες ερωτήσεις παρά απαντήσεις για όλους τους εμπλεκόμενους.

Δοκιμάστε το για να δημιουργήσετε δραματουργία ή ένα συναρπαστικό σημείο μέσα από προτάσεις όπως αυτή - λειτουργεί πραγματικά! Επιπλέον, οι ιδέες σας μπορεί να μπουν στο κομμάτι σας! Έχετε ήδη μια ιδέα για το τι πρέπει να είναι το πρώτο σας κομμάτι;

Αυτή η αρχή θα σας βοηθήσει να καθορίσετε εάν θέλετε να γράψετε μια κωμωδία, ένα αστυνομικό μυθιστόρημα, ένα θεατρικό έργο ή ένα μιούζικαλ. Λάβετε επίσης υπόψη εάν θέλετε ή όχι να επιλέξετε μεταξύ γραφής σκίτσου, μονόπρακτων και πολυπράξεων και σε ποια γλώσσα να γράψετε.

Τότε, ξεκίνησα αμέσως με ένα πολύπρακτο έργο και έκτοτε επικεντρώθηκα αποκλειστικά στις κωμωδίες. Για τους σκοπούς αυτού του βιβλίου, θα συζητήσουμε κωμωδίες μεγάλου μήκους. Καθώς η τυπική γερμανική είναι η προτεινόμενη γλώσσα επιλογής μου (αν και τα χαμηλά γερμανικά μπορεί να λειτουργήσουν εάν μεταφραστούν ή έχουν γίνει στα υψηλά γερμανικά δημοσιεύοντας το έργο σας, ο εκδότης συνήθως λαμβάνει επίσης δικαιώματα να μεταφράσει το έργο ή το μυθιστόρημά σας σε άλλες διαλέκτους, όπως τα ολλανδικά, τα ελβετικά γερμανικά ή άλλα). Καθώς τα χαμηλά γερμανικά μπορεί να μην είναι κάτι που όλοι οι άνθρωποι μπορούν να μιλήσουν άπταιστα, απλώς θα γράψουμε το κομμάτι μας χρησιμοποιώντας τα τυπικά γερμανικά αντ 'αυτού - αν και τα χαμηλά γερμανικά μπορεί να λειτουργήσουν εάν απαιτείται η σύνταξη του πρώτου σχεδίου στα κάτω γερμανικά, καθώς τα κάτω γερμανικά μπορούν να μεταφραστούν στα υψηλά γερμανικά πριν μεταφραστούν ξανά πριν μεταφραστεί ξανά πριν τα γράψουμε όλα στα υψηλά γερμανικά, εκτός κι αν αποφασίσουμε να γράψουμε το κομμάτι μας!

Η αρχική σας ιδέα για το έργο δεν πρέπει να προέρχεται από πουθενά. Μην κάνετε το λάθος να γράψετε για κάποιον που πηγαίνει φυλακή για φοροδιαφυγή και να πείτε στους συγγενείς του ότι θα ξαναπάνε στο στρατό, μόνο για να βυθιστεί το πλοίο τους αργότερα - ούτε να γράψετε για μια θεατρική ομάδα που ανεβάζει έργα με πρόβα τζενεράλε και πρεμιέρα σκηνές που διαδραματίζονται σε μία πράξη, με χιουμοριστικά αποτελέσματα.

Οι λάτρεις του θεάτρου αναγνωρίζουν ήδη αυτές τις έννοιες: ο σύζυγός μου πηγαίνει στη θάλασσα" και "Τίποτα εκτός από χάος". Εάν γράψετε κάτι παρόμοιο με αυτά, μπορεί να δημιουργήσετε προβλήματα με άλλους συγγραφείς που διεκδικούν τα δικαιώματα γι' αυτό, επομένως θα ήταν καλύτερο να δημιουργήσετε τη δική σας ιδέα Για ένα κομμάτι και βρείτε το δικό σας κοινό για αυτό, αντί να κάνετε λογοκλοπή σε κάτι που ήδη υπάρχει.

Ποια ιδέα δεν έχει ακόμη αξιοποιηθεί πλήρως;

Κανείς δεν θα σας κατηγορούσε ότι είστε εντελώς λάθος αν πιστεύετε ότι όλα τα βασικά θέματα έχουν ήδη διερευνηθεί. Αυτά μπορεί να περιλαμβάνουν κληρονομιά, νίκη στο λαχείο, γέννηση παιδιού, ανεργία ή χρεοκοπία και άλλα.

Όλα αυτά τα στοιχεία υπάρχουν ήδη, αλλά με τον σωστό συνδυασμό, προκύπτει κάτι νέο - ένα ασύγκριτο κομμάτι. Αυτό ακριβώς είναι στο χέρι σου να πετύχεις.

Έχετε ανοιχτό μυαλό και χρησιμοποιήστε τη φαντασία σας όταν αναζητάτε έμπνευση. ακόμα κι αν η πλοκή σας προέρχεται από άλλη πηγή, όπως ταινία ή μυθιστόρημα, θα πρέπει να λαμβάνεται μόνο ως έμπνευση και να μην αντιγράφεται απευθείας σε μορφή διαλόγου για δημοσίευση όπως το έργο σας. Αφεθείτε στη δημιουργική σας πλευρά και προσπαθήστε να βρείτε κάτι μόνοι σας.

Τώρα ας βάλουμε μια ιδέα για το πρώτο σας κομμάτι. Τι πιστεύετε για αυτό: «Μια 70χρονη γυναίκα που εξακολουθεί να λειτουργεί γωνιακό κατάστημα θα πρέπει να απελαθεί από τα παιδιά της σε έναν οίκο ευγηρίας». Ποιες συσχετίσεις ή ερωτήσεις έρχονται αμέσως στο μυαλό ως απάντηση; Κλείστε πρώτα το βιβλίο και σκεφτείτε βαθιά αυτή τη δήλωση προτού γράψετε ό,τι σας έρχεται στο μυαλό, στη συνέχεια διαβάστε παρακάτω αυτήν την ιδέα για να δείτε εάν προκύπτουν παρόμοιες ερωτήσεις για τον εαυτό σας - σκέφτηκα γρήγορα πέντε τέτοιες ερωτήσεις!

Γιατί τα παιδιά προσπαθούν να απελάσουν τη μητέρα τους;

Τι θα γίνει με το μαγαζί και τι σχεδιάζουν να κάνουν τα παιδιά του;
Πώς συμπεριφέρεται η μητέρα - σχέδια που κάνει με άλλους κλπ;
Και τελικά πώς πληρώνεται το γηροκομείο;

Ταίριαζαν οι σκέψεις μου με τις δικές σου; - Βρήκατε το θέμα ενδιαφέρον; Το ελπίζω - αυτή η ιδέα είναι δική μου, ωστόσο δεν έχει γραφτεί θεατρικό έργο από κανέναν συγγραφέα ακόμη.

Δεν υπάρχει μεγάλη σύγχυση σχετικά με το τι περιλαμβάνει αυτό το θέμα. Σίγουρα, υπάρχουν θεατρικές παραστάσεις με γηροκομεία και οίκους ευγηρίας ως θέμα. Το ένα παίχτηκε στο Ohnsorg Theatre του Αμβούργου μόλις το περασμένο καλοκαίρι με τον τίτλο "Atschuss mien Leeve", ενώ τα κλασικά τους παρουσιάζουν επίσης εξέχουσα θέση. αλλά δημιουργούμε τη δική μας δουλειά χρησιμοποιώντας γηροκομεία ως φόντο και όχι ως σκηνικά.

Ως το πρώτο μας βήμα για την ανάπτυξη του κομματιού μας, το πρώτο πράγμα που πρέπει να κάνουμε είναι να προσδιορίσουμε πότε πρέπει να πραγματοποιηθεί. Έχετε απόλυτη ελευθερία εδώ - επιλέξτε οποιαδήποτε χρονική περίοδο από τώρα μέχρι τη δεκαετία του 1970 (τα ερασιτεχνικά θέατρα μπορεί να το βρουν πιο δύσκολο), αν και τα κοστούμια, η σκηνογραφία, η γλώσσα και το νόμισμα πρέπει να ταιριάζουν ανάλογα εάν παίζετε ένα ερασιτεχνικό θεατρικό κομμάτι αυτής της περιόδου - όπως π.χ. κοστούμια και σκηνογραφία από εκείνες τις δεκαετίες - θα απαιτήσουν επιπλέον προσοχή κατά την εκτέλεση. Τα ερασιτεχνικά θέατρα τείνουν να δυσκολεύονται περισσότερο με αυτό παρά με επαγγελματικές σκηνές όταν κάνουν το ίδιο το κομμάτι, αλλά κάποιοι εξακολουθούν να το κάνουν αυτό προχωρώντας το για 20-30 χρόνια - κάτι που δεν θα συνέβαινε ποτέ σε μια ερασιτεχνική θεατρική παραγωγή! Συμφωνήσαμε λοιπόν να ξεκινήσουμε από το 2008 για την κοινή μας δουλειά - είναι εντάξει με εσάς; Δυστυχώς δεν μπορώ να προσφέρω πολλά άλλα αφού τα περισσότερα κομμάτια μου διαδραματίζονται μεταξύ τότε και τώρα καθώς τα κομμάτια μου γενικά δεν υπάρχουν ούτε σε εκείνη την εποχή!

Νομίζω ότι θα ήταν δυνατό να ξαναπαρουσιαστεί αυτό το έργο χωρίς να γίνουν σημαντικές τροποποιήσεις, ξεκινώντας το 2008 λόγω του αργού ρυθμού αλλαγής της Γερμανίας. Ακόμη και μέχρι το 2015 θα πρέπει να είναι ακόμα σχετικό και θα μπορούσε να συμβεί - μην το δεχθείτε. απλά να είστε σίγουροι ότι θα μπορούσε να συμβεί όπως έχει προγραμματιστεί. Ο κόσμος αλλάζει συνεχώς. Η τεχνολογία ειδικότερα είναι μια απίστευτη δύναμη εξέλιξης που μερικές φορές με ανησυχεί. αν αγοράσω ένα κινητό σήμερα, πιθανότατα θα είναι ξεπερασμένο από αύριο, αν όχι νωρίτερα! Με τα έργα, ωστόσο, είναι σύνηθες να περιμένουμε ότι θα μπορούν να παιχτούν για 10-20 χρόνια χωρίς τροποποίηση - κάτι που παρατήρησα με έργα που έγραψα πριν από 10 χρόνια που έχουν επιβιώσει σχεδόν αμετάβλητα, παρά το γεγονός ότι το νόμισμά μας μετατοπίστηκε από το γερμανικό μάρκο (DM) στο ευρώ. Επομένως, το κομμάτι σας μπορεί να συνεχίσει να απολαμβάνει το κοινό για αρκετό καιρό!

Ποιός ξέρει; ίσως σε 50 χρόνια αυτή η ταινία να γίνει μια διαχρονική κλασική!

Τώρα πρέπει να ασχοληθούμε με τη σκηνογραφία. Με τα χρόνια έχω γνωρίσει πολλές ερασιτεχνικές θεατρικές ομάδες που κατέβαλαν μεγάλη προσπάθεια στη σκηνογραφία τους. Κάποιοι το βλέπουν ακόμη και ως ευκαιρία να δείξουν στο κοινό κάτι ξεχωριστό. Αλλά λίγες ομάδες επιλέγουν εθελοντικά πολύπλοκα σκηνικά. Επιπλέον, πολλοί άνθρωποι αποφεύγουν να προβάλλουν σετ πολλαπλών σκηνών. Για ορισμένες ομάδες αυτό είναι ακόμη και αδύνατο. Ίσως κάποια στιγμή κατά τη σύνταξη θεατρικών παραστάσεων θα καταστεί απαραίτητο να εμφανιστεί όλη η δράση χρησιμοποιώντας μόνο ένα σετ. Το έχω βιώσει από πρώτο χέρι και το βρήκα αρκετά ακίνδυνο. μερικά ερασιτεχνικά θέατρα το κάνουν αυτό καλά. Αν και τα επαγγελματικά σύνολα μπορούν να χρησιμοποιούν περιστρεφόμενες σκηνές χωρίς πρόβλημα, η εστίασή μας πρέπει να παραμείνει ερασιτεχνική. ποιο ερασιτεχνικό θέατρο έχει ήδη; Εάν θέλετε το κομμάτι σας να διαβάζεται ευρέως και να εκτελείται συχνά, αποφύγετε τα περίτεχνα σετ με πολλά εξαρτήματα. Οι θεατρικές ομάδες έχουν την ευελιξία να αλλάζουν γρήγορα τα σκηνικά, ενώ εντελώς διαφορετικές εικόνες μπορεί να τις αναβάλουν - ακόμα κι αν το έργο σας εκτιμάται από τις θεατρικές ομάδες.

Τώρα μπορεί να ρωτάτε τι είδους σκηνή θα χρησιμοποιήσετε. Οι επιλογές σας για τη δημιουργία αυτού είναι τεράστιες - ο παράδεισος ή η κόλαση είναι δύο καλά σημεία εκκίνησης. για το αίτημα της τελευταίας επιλογής και περιγράψτε αυτήν τη ρύθμιση σταδίου ανάλογα. Εξετάστε το ενδεχόμενο να χρησιμοποιήσετε τοποθεσίες όπως εστιατόρια, αρτοποιεία, κήπους, εκκλησίες, κάμπινγκ ή βεράντες ως πιθανές ρυθμίσεις. εναλλακτικά αίθουσες αναμονής, οίκοι ανοχής, κλαμπ, δωμάτια νοσοκομείων και εργοτάξια είναι επίσης κατάλληλες επιλογές...
Όπως όλοι γνωρίζουμε από κλασικές ταινίες όπως το "Gossip in the Stairwell" και το "The Furnished Gentleman", οι διάδρομοι μπορούν να κάνουν εξαιρετικά σκηνικά. Όταν γράφετε την ιστορία σας και θέλετε οι χαρακτήρες σας να διαδραματίζονται κάπου συγκεκριμένα - όπως το διάστημα ή το φεγγάρι - κάθε σκηνικό θα είναι σωστό. Να θυμάστε ότι όλοι οι ηθοποιοί πρέπει να είναι ορατοί μέσα σε αυτό το σκηνικό!
Καθώς εκεί συγκεντρώνονται οι περισσότεροι χαρακτήρες, οι συγγραφείς επιλέγουν συνήθως σαλόνια ή σαλόνια κουζίνας ως σκηνικά για τις ιστορίες τους. Αυτό είναι λογικό δεδομένου ότι τα σαλόνια και τα σαλόνια με κουζίνα είναι τα κεντρικά σημεία των διαμερισμάτων. κάνοντας έτσι φυσική και ρεαλιστική τη χρήση τους ως σκηνικά. Οι τουαλέτες σε μονοκατοικίες θα φαίνονται ακόμη πιο ακατάλληλες ως σκηνικά. δεν είναι περίεργο που δεν έχει πιάσει άλλο! - Ωστόσο, τίποτα δεν αντιτίθεται στη χρήση μεγάλων τουαλετών με πολλές καμπίνες και νεροχύτες (π.χ. μπάνια ξενοδοχείου ή εστιατορίου) ως

σκηνικά. Δεν έχω ξαναδεί, αλλά αν αυτό σας ενοχλούσε, μην διστάσετε - δεν με πειράζει καθόλου αν αυτό θα σας ενοχλούσε, παρακαλώ ενημερώστε με!

Σας γοητεύουν τα διαφορετικά σχέδια σκηνής; - Σας ενδιαφέρει μια εξαιρετική σκηνογραφία ή ακόμα και διαφορετική για κάθε πράξη του κομματιού σας; Εντάξει. Ίσως λοιπόν ένας οίκος ανοχής για την Πράξη I της δουλειάς σας, μετά το εργοτάξιο Act II και το space Act III... Σας συμβουλεύω να μην το κάνετε, αλλά ενθαρρύνω τους πειραματισμούς, καθώς αυτό θα απαιτούσε επαγγελματίες σκηνοθέτες που θα μπορούσαν να πετύχουν αυτό που ζητάτε - κάτι που οι ερασιτεχνικές ομάδες είναι λιγότερο ικανές του να κάνεις σε σύγκριση με επαγγελματίες οικοδόμους - με κάθε πράξη να έχει τρία μοναδικά σετ που απαιτούν ξεχωριστά συνεργεία κτιρίου - επομένως τι θα σου έβγαζε έξω; - Και περισσότερα από πιθανά αποτελέσματα θα έβγαιναν από αυτό... άρα τι μπορούν να αποκομίσουν οι ερασιτεχνικές ομάδες από τα πολλαπλά σκηνικά από το να δοκιμάσουν κάτι τέτοιο...; - Οι ερασιτέχνες αποφεύγουν πολύπλοκα σετ όπως αυτό!
Τώρα πρέπει να συμφωνήσουμε για τη σκηνογραφία για την πρώτη σας δουλειά, αλλά ποια να επιλέξουμε; Μια επιλογή θα ήταν να επικεντρωθούμε σε μια γυναίκα, τα παιδιά της και αυτό το μικρό κατάστημα ως το σκηνικό μας. Δεδομένου ότι πιθανότατα θα παίξει έναν από τους κύριους ρόλους, ιδανικά αυτό το σκηνικό θα πρέπει να λαμβάνει χώρα εκεί όπου αυτό το άτομο περνάει συχνά τον χρόνο του, όπως όπου μπορεί να στεγαστεί το κατάστημά σας, καθώς αυτό θα μπορούσε να χρησιμεύσει ως το τέλειο σκηνικό - ωστόσο, τηρήστε τους παρακάτω παράγοντες σκεφτείτε πριν κάνετε αυτό:
Η εμφάνιση ενός πλήρως επιπλωμένου καταστήματος απαιτεί σημαντική δουλειά για ομάδες. πιθανότατα θα χρειαστούν τρόφιμα και σκηνικά. Εάν η γυναίκα χρειαστεί να μπει στον οίκο ευγηρίας (δεν γνωρίζουμε ακόμη αν τα παιδιά της μπορούν να το διαχειριστούν ή όχι), τι θα γίνει μετά το μαγαζί. Ανάλογα με τις εξελίξεις, πιθανότατα θα ανοίξει ξανά ως άλλο εγχείρημα.
Ο σχεδιασμός σκηνής απαιτεί χρόνο και προσπάθεια, γι' αυτό προτείνω να τοποθετήσετε αυτό το κομμάτι στην κουζίνα-σαλόνι αυτής της γυναίκας, με ένα έμμεσο πέρασμα που οδηγεί απευθείας σε ένα κατάστημα στο βάθος. Αυτό φαίνεται πολύ ωραίο και επιτρέπει στους θεατές να το φανταστούν παρόλο που δεν θα το δουν απευθείας. Λυπούμαστε που επιστρέφουμε στις κουζίνες για φαγητό. αλλά αυτή η λύση φαίνεται ιδανική εδώ. Συμφωνείς; Έξοχος.

Στην αρχή κάθε έργου, ο συγγραφέας του πρέπει να περιγράψει τη σκηνογραφία του. Όχι μόνο πρέπει να έχετε κατά νου τη σκηνογραφία, αλλά και δωμάτια που δεν είναι ορατά στο κοινό, αλλά είναι σημαντικά για αυτό που συμβαίνει. αν και δεν χρειάζεται να τα περιγράψετε. Κάθε σκηνικό χρειάζεται μια είσοδο και έξοδο - σε αυτήν την περίπτωση μια πόρτα. Το πού θα τοποθετηθεί θα εξαρτηθεί από το κομμάτι σας - αν δεν έχει σημασία, απλώς γράψτε το στην περιγραφή σας. Φανταστείτε τη σκηνογραφία μας έτσι ώστε η μεγάλη δίοδος που οδηγεί στο μαγαζί να είναι τοποθετημένη προς τα πίσω - στον πίσω τοίχο του - έτσι ώστε να είναι στραμμένη μακριά από τυχόν περισπασμούς από το εξωτερικό. Στα δεξιά του υπάρχει μια πόρτα που οδηγεί ακριβώς έξω. ενώ στα αριστερά του είναι άλλο ένα που οδηγεί σε άλλα δωμάτια. Κουζίνα, Υπνοδωμάτιο και Μπάνιο) Καθώς ο πρωταγωνιστής μας δεν θα είναι πάντα παρών ούτε στο κατάστημα, στην κουζίνα ή έξω από το σπίτι. Επομένως, η αριστερή πόρτα είναι απολύτως λογική ως είσοδος σε άλλα μέρη της κατοικίας του πρωταγωνιστή μας. Έτσι, εάν τώρα έχουμε τρεις πόρτες (ή δύο πόρτες και ένα πέρασμα), είναι απαραίτητο να προσδιορίσουμε εάν ένα παράθυρο εξακολουθεί να χρειάζεται ή είναι επιθυμητό. Ένα παράθυρο πάντα προσθέτει οπτικό ενδιαφέρον. αλλά αν ο σκοπός του για το κομμάτι σας δεν έχει καμία σημασία (κανείς δεν χρειάζεται να κοιτάξει μέσα ή έξω, να μην ξεφύγει από το παράθυρο κ.λπ.), απλώς κάντε χωρίς ή αφήστε το στη σκηνογραφία.

Ανάλογα με το μέγεθος και τις δυνατότητές σας, η σκηνογραφία μπορεί να γίνει μόνοι σας. Εάν η συγγραφή ή η δημιουργική διαδικασία γεννά μια ιδέα για κάτι παιχνιδιάρικο με τα παράθυρα ή τα κουφώματα τους που είναι επίσης αναπόσπαστο μέρος της σκηνογραφίας, αυτό είναι απαραίτητο. αλλά μην πιέζετε τους σκηνογράφους της θεατρικής εταιρείας με λεπτομέρειες που δεν συνεισφέρουν τίποτα ουσιαστικό ή απαραίτητο για το παιχνίδι. απλά γιατί κάνει πιο δημιουργική γραφή!
Σκεφτείτε αυτή την ιδέα στο μυαλό σας. Η πρότασή μου δεν απαιτεί windows. επαρκούν δύο πόρτες (δεξιά και αριστερά) με πέρασμα που οδηγεί πίσω στο κατάστημα.

Τώρα που ξέρουμε ότι οι στόχοι μας είναι ξεκάθαροι, ας φτιάξουμε το δωμάτιο. Δώστε όσο το δυνατόν περισσότερες λεπτομέρειες, αλλά αφήστε αρκετό περιθώριο κινήσεων στις ομάδες να δημιουργήσουν το δικό τους έργο τέχνης. και προσπαθήστε να μην συμπεριλάβετε λεπτομέρειες που είναι περιττές για το κομμάτι. Ως σκηνοθέτης παιχνιδιών και σκηνοθέτης, αν περιγράφετε έναν γκρι καναπέ ως προεξέχοντα σε ένα δωμάτιο, θα ήθελα να μάθω γιατί αυτό το συγκεκριμένο χρώμα έχει τόσο μεγάλη σημασία για το κομμάτι σας. Αφήστε λοιπόν κάτι τέτοιο μόνο και μόνο επειδή έτσι το φαντάζεστε, παρόλο που δεν έχει καμία απολύτως σχέση. Μόλις δημοσιευτεί και παιχτεί το έργο σας, είναι βέβαιο ότι θα δείτε αρκετές παραγωγές του - κάθε παραγωγή διαφέρει σημαντικά και στα σκηνικά στοιχεία. Πριν υποβάλετε αιτήματα, φροντίστε να λάβετε υπόψη τα στοιχεία εκείνα που υποστηρίζουν και ενισχύουν το έργο σας ως μέρος των σκηνικών αναγκών του. Τα έπιπλα πρέπει να ταιριάζουν με κάθε χαρακτήρα. Δεδομένου ότι έχουμε αποφασίσει για μια μεγαλύτερη κυρία για το έργο μας (ας την ονομάσουμε Lady X προς το παρόν), υποθέτω ότι θα είναι ένας από τους συμπαθείς χαρακτήρες μέσα σε αυτό. Στα 70 της, μπορεί να μην τα πηγαίνει ιδιαίτερα καλά οικονομικά - ωστόσο μπορεί να θέλει ακόμα να διευθύνει το μαγαζί ως πηγή απόλαυσης. Αλλά αν της αρέσει πολύ στο χώρο εργασίας της, τότε η διαχείριση των χρημάτων της θα γίνει σίγουρα καλύτερα - κάτι που επηρεάζει επίσης τη σκηνογραφία μας - που σίγουρα θα μπορούσε να αλλάξει την εμφάνισή της διαφορετικά στο σαλόνι ενός ασυμπαθούς πλουσίου σε σχέση με αυτό της Lady X; - Αυτή τη στιγμή βλέπω μια καθαρή και άνετη κουζίνα-καθιστικό που δεν υποδηλώνει ούτε πλούτο ούτε φτώχεια. Είσαι με τον ίδιο τρόπο; Ωστόσο, αν φανταστούμε ότι τα παιδιά της Queen X αφαιρούν όλα τα κέρδη της, αναγκάζοντάς την να διευθύνει το μαγαζί ακόμα και σε μεγάλη ηλικία, παρά την οικονομική του πίεση - τότε η κατάσταση αλλάζει εντελώς και η σκηνογραφία μπορεί σίγουρα να γίνει πιο αραιή.

Από το άνοιγμα της σκηνής, η φτώχεια της κυρίας μας γίνεται φανερή μέσα από τη σκηνογραφία -χωρίς να χρειάζεται κανένα διάλογο- κάνοντας μια άμεση δήλωση χωρίς να χρειάζεται διάλογο από κανέναν από τους ηθοποιούς μας. Δυστυχώς, αυτό μετατρέπεται σε περισσότερο δράμα γιατί το θέμα φαίνεται πολύ σοβαρό και δραματικό... Νόμιζα ότι είχαμε συμφωνήσει για την κωμωδία- και αυτή η δεύτερη επιλογή για τη σκηνογραφία δεν ήταν ακριβώς αυτό που συμφωνήσαμε - ελπίζω να νιώθετε κι εσείς το ίδιο.

Φανταστείτε αυτό το δωμάτιο επιπλωμένο και περιγράψτε το στο κομμάτι σας. Τα σαλόνια κουζίνας περιλαμβάνουν συνήθως καθίσματα, όπως γωνιακό πάγκο ή απλά τραπέζι και καρέκλες. Δεδομένου ότι η κυρία μας είναι ήδη 70, μια πολυθρόνα μπορεί να έχει πιο νόημα. ΑΛΛΑ: Μη διστάσετε να παίξετε και να χρησιμοποιήσετε δημιουργικά στηρίγματα και έπιπλα!

Εάν υπάρχει ένα κινέζικο γλυπτό στο έργο σας, η παρουσία του θα πρέπει να έχει νόημα ως προς το πλαίσιο. Εάν ένα CD player ή τηλεόραση περιλαμβάνονται μεταξύ των κριτηρίων περιγραφής σας, τότε και αυτά θα πρέπει να συνεισφέρουν εύλογα.

Σε κάποιο σημείο σε ένα σκηνικό, οι προσπάθειες του κατασκευαστή θα απαιτήσουν τη χρήση συσκευών για έρμα και προσπάθεια. Όταν εμφανιστεί αυτό σε μια σκηνή υποκριτικής, γράψτε ότι αυτή η φωτογραφία ανήκει σε αυτήν, αν εμφανίζεται. Εάν ένας ηθοποιός χρησιμοποιεί ένα σε μια σκηνή δράσης σε έναν παρακείμενο τοίχο, τότε σημειώστε το επίσης! Εάν αυτή η κορνιζόμενη φωτογραφία πρέπει να είναι μέρος μιας άλλης σκηνής, τότε γράψτε και αυτή τη θέση ως απόδειξη ότι αυτή η συγκεκριμένη φωτογραφία προέρχεται από αυτήν.

Ξεκινώντας, οι φωτογραφίες θα πρέπει να κρεμαστούν ως μέρος του παιχνιδιού σας από την αρχή. Εάν μια εικόνα δεν είναι μέρος του παιχνιδιού, ωστόσο, μην αισθάνεστε περιορισμένοι αν την κρεμάτε απευθείας σε έναν τοίχο. ωραία μικρά αντικείμενα που μπορεί να βρείτε γύρω από την κουζίνα σας θα μπορούσαν να λειτουργήσουν εξίσου καλά. Οι περισσότεροι σκηνοθέτες τείνουν να ενσωματώνουν τέτοιες διακοσμήσεις ούτως ή άλλως.

Σκηνογραφία (Ημερολόγια, Λουλούδια, Διακόσμηση Τραπεζιού και Ντουλάπι κλπ) Έχω ξεκαθαρίσει; Όχι; Επιτρέψτε μου να δείξω τι μπορεί να περιλαμβάνει η σκηνογραφία για αυτό το κομμάτι:

Σκηνογραφία:

Αυτή η σκηνογραφία απεικονίζει την κουζίνα-καθιστικό της κυρίας... (της Lady X). Στο πίσω μέρος, ένα άνοιγμα οδηγεί στο παντοπωλείο τους - ορατό από όλες τις θέσεις - με διάφορες συσκευασίες τροφίμων και ποτών που διατίθενται εκεί, διαφημιστικές πινακίδες για το εν λόγω κατάστημα καθώς και διαφημιστικές πινακίδες που προωθούν το εν λόγω παντοπωλείο. Μια κουρτίνα από ξύλινες χάντρες ή βελούδινες λωρίδες εμποδίζει οποιονδήποτε να το δει, εκτός αν κάποιος περάσει. Υπάρχει μια πόρτα που οδηγεί έξω τόσο στη δεξιά όσο και στην αριστερή πλευρά.

Ο χώρος διαβίωσης της Lady X είναι άνετα και απλά επιπλωμένος, με καναπέ, δύο πολυθρόνες (ή γωνιακό πάγκο), τραπέζι, ντουλάπι και τηλέφωνο. Υπάρχουν επίσης υποδοχές τηλεφώνου και συσκευές αναπαραγωγής CD σε κοντινή απόσταση καθώς και τρεις φωτογραφίες στους τοίχους που απεικονίζουν τον αποθανόντα σύζυγό της, τον γιο τους και τον εαυτό της (βλ. εικόνα στα δεξιά).

νύφη και εγγόνι) με μερικά μυθιστορήματα που εκτίθενται σε ένα ανοιχτό ράφι στερεωμένο σε έναν τοίχο.

Εάν χρειάζεστε πολλά σετ για άλλα έργα που γράφετε, λεπτομέρεια κάθε μεμονωμένης σκηνής ξεχωριστά: Πράξη 1: - Πράξη 2: κ.λπ. Ικανοποιημένοι; - Εντάξει, όταν σκεφτόμουν τη σκηνογραφία μας κατάλαβα ότι θα χρησιμοποιούσα το τηλέφωνο κάποια στιγμή. Η μουσική θα μπορούσε επίσης να προσθέσει βάθος. Για να διαβάσει η κυρία Χ. Οι εικόνες στους τοίχους σας συμβολίζουν την οικογενειακή ζεστασιά που θα μπορούσε επίσης να έχει νόημα σε αυτό το κομμάτι. Εδώ έχω ήδη σκεφτεί τους χαρακτήρες μας που θα εμφανιστούν σε μελλοντικά κεφάλαια του έργου μας!

Πολλοί συγγραφείς, συμπεριλαμβανομένου εμένα, θέλουν να χρησιμοποιήσουν την ακόλουθη δημοφιλή πρόταση στο τέλος των περιγραφών της σκηνής: "Όλος ο άλλος εξοπλισμός αφήνεται στην ομάδα παιχνιδιού". Αυτό επιτρέπει στους σκηνογράφους κάποια ελευθερία, ενώ ταυτόχρονα περιμένουν από τις θεατρικές ομάδες να βάλουν στη σκηνή πράγματα που φαίνονται κατάλληλα με βάση το παιχνίδι και το διάλογο. Οι περισσότερες ερασιτεχνικές θεατρικές ομάδες δίνουν μεγάλη προσοχή και σκέψη στα σχέδιά τους. δυστυχώς δεν καταφέρνουν όλοι αυτό το κατόρθωμα!

Αυτό που μάθαμε τώρα ήταν απλώς να περιγράψουμε τις καθορισμένες απαιτήσεις για αυτό το κομμάτι.

Ωστόσο, οι ίδιες αρχές ισχύουν για κάθε σχέδιο σκηνής που χρειάζεστε: περιγράψτε το με μεγάλη λεπτομέρεια ενώ αφήνετε λίγο ελεύθερο χώρο στη σκηνή. Μόλις τα σκηνικά αρχίζουν να ανεβαίνουν και να διαμορφώνονται μπροστά σας, η καρδιά σας μπορεί να φουσκώσει. μόνο για να δούμε αργότερα κάτι που δεν πάει καλά όταν κοιτάζω πίσω μέσα από φωτογραφίες που τραβήχτηκαν από αυτά τα σετ. αυτό συμβαίνει πολύ συχνά!

Οι ερασιτεχνικές θεατρικές ομάδες - ανεξάρτητα από το πόσο διεξοδικά περιγράφετε τη σκηνογραφία τους - μερικές φορές ξεχνούν κάποια βασικά κομμάτια, ακόμη και αφού κάνουν βήματα για να συμπεριλάβουν όλα τα απαραίτητα για την επιτυχία στη σκηνογραφία τους. Όταν πρόκειται για στηρίγματα που χρειάζεται να χρησιμοποιηθούν μόνο μία φορά ανά πράξη, όπως αυτά που χρειάζονται πριν από κάθε σκηνή στην αρχή κάθε πράξης. Περιστασιακά αυτό σημαίνει ότι τους λείπουν εντελώς! Όταν συμβεί αυτό, δεν πρέπει να περιλαμβάνονται ως μέρος του συνολικού σετ, αλλά πριν από κάθε σκηνή.

Σε αυτό το σημείο, η σκηνογραφία θα πρέπει να έχει ολοκληρωθεί. Έχετε αποκτήσει αρκετή κατανόηση σχετικά με το ποια σκηνικά μπορούν και πρέπει να ζητηθούν από διάφορες ομάδες ως σκηνικό, και τι πρέπει να αποφευχθεί εντελώς.

Υποθέτοντας ότι έχουμε ήδη περιγραφεί μια ιδέα και ένα σκηνικό σκηνικό, ας προχωρήσουμε σε ένα από τα πιο κρίσιμα κεφάλαια: χαρακτήρες ή πρωταγωνιστές. Μια βασική απόφαση θα είναι πόσες θα συμπεριληφθούν. Θα πρέπει να συμπεριλάβω μόνο τον ιδανικό αριθμό μου ή πρέπει επίσης να λάβω υπόψη την ικανότητά μου και να εξετάσω άλλα στοιχεία που μπαίνουν στο παιχνίδι ως μέρος της διαδικασίας απόφασής τους; Γεγονός: Το κομμάτι σας μπορεί να περιλαμβάνει 20 ή περισσότερους ηθοποιούς χωρίς να παραβιάζει κανέναν κανόνα. Οι παραστάσεις που ανεβαίνουν και προβάλλονται σε υπαίθρια θέατρα συχνά περιλαμβάνουν 30-50 ηθοποιούς ταυτόχρονα, ειδικά ιστορικές παραγωγές που συνήθως χρησιμοποιούν ακόμη περισσότερους. Μου αρέσει να βλέπω τέτοια πράγματα. Υπάρχει επίσης αρκετός χώρος έξω. μια μεγάλη υπαίθρια σκηνή θα μπορούσε εύκολα να φιλοξενήσει 50 καλλιτέχνες εάν χρειαστεί, αλλά για τους σκοπούς μας εδώ, ας εστιάσουμε σε μικρούς χώρους ή σκηνές που θα μπορούσαν επίσης να φιλοξενήσουν μεγάλους ερμηνευτές. Οι ερασιτεχνικές θεατρικές ομάδες απαιτούν συνήθως μόνο έναν ορισμένο αριθμό ενεργών ηθοποιών. Ο αριθμός εξαρτάται εξ ολοκλήρου από τις ιδέες και την πλοκή σας - μερικές φορές μπορεί να αρκούν δώδεκα. άλλες φορές χρειάζονται μόνο τέσσερις. Στις πρεμιέρες των έργων μου, οι σκηνοθέτες ζητούν συχνά περισσότερους παίκτες. Η ομάδα μας αποτελείται από 15 ενεργά μέλη. Θα ήταν υπέροχο αν μπορούσαν να συμμετάσχουν και οι 15." Η ομάδα μας αποτελείται μόνο από 6 άτομα και δεν θέλουν όλοι έναν ρόλο».
"Λοιπόν, καθώς είναι δύσκολο να ευχαριστήσεις κάθε στάδιο, ιδού η σύστασή μου: Για 7 έως 8 άτομα ανά κομμάτι για να διασφαλιστεί η ευκολία και η προσβασιμότητα στα περισσότερα στάδια. Ωστόσο, θα μπορούσατε να δοκιμάσετε να γράψετε ένα με 6, 10 ή 13 άτομα ως εναλλακτική αλλά γενικά το 7-8 είναι το βέλτιστο."
Κάθε χαρακτήρας απαιτεί ένα όνομα. Μπορείτε να δώσετε σε καθένα από αυτά τη δική του ξεχωριστή ταυτότητα. Ωστόσο, αποφύγετε να χρησιμοποιείτε ονόματα γνωστών προσωπικοτήτων, καθώς θα φαινόταν ανόητο για τους πρωταγωνιστές σας να φέρουν ονόματα όπως Helmut Kohl, Heidi Kabel ή Veronica Ferres - αυτό θα μπορούσε να προκαλέσει ακόμη και συγκρούσεις. Αλλά ακόμα κι αν τα ονόματα των χαρακτήρων σας δεν είναι "διάσημα", βεβαιωθείτε ότι είναι τα κατάλληλα. Εάν υπάρχει μια εξέχουσα εταιρεία όπως η Apple που μπορεί να εμφανιστεί, για παράδειγμα. Εάν το Α. διευθύνεται από τους Hans και Beate Hansen, Ludger Memmen ή Detlef Meyer ως παντρεμένοι σύντροφοι, τότε θα ήταν φρόνιμο να μην τους αναφέρετε απευθείας στο κομμάτι σας. Υπάρχουν άνθρωποι που ενδιαφέρονται ελάχιστα για το θέατρο, ωστόσο το άκουσμα ή η ανάγνωση του ονόματός τους σε ένα άγνωστο έργο θα μπορούσε να προκαλέσει συναισθηματική βλάβη στην προσωπικότητά τους. Εάν αυτή η ατυχής σύμπτωση

περιλαμβάνει δύο πραγματικούς ανθρώπους από μια μεγάλη εταιρεία ή παρόμοιο πλαίσιο; κανείς δεν πρέπει να σε κατηγορήσει!

Οι χαρακτήρες μου παίρνουν συχνά τα ονόματά τους από έναν παλιό τηλεφωνικό κατάλογο. Τώρα υπάρχουν και επιλογές CD-ROM. Όταν δημιουργώ τις ιστορίες μου, μερικές φορές αναμιγνύω ονόματα και επώνυμα με δημιουργικούς τρόπους. εσείς αποφασίζετε πώς να προσεγγίσετε καλύτερα αυτήν την πρόκληση.
Ας μιλήσουμε για το όνομα των χαρακτήρων μας και του καστ για το έργο μας. Ξεκινώντας, το Queen X παίζει σημαντικό ρόλο. Ποιο όνομα θα της ταίριαζε καλύτερα;
- Ίσως αρκούσε η Leni Kramer από το αρχικό της όνομα Helene, ή τι λέτε για Gerda Krupp ή Johanna Muchal ή Gesine Peters θα ταιριάζουν καλύτερα ανάλογα με το προσωπικό σας γούστο; Μια άλλη σκέψη κατά την επιλογή ενός κατάλληλου ονόματος είναι η ηλικία τους - για παράδειγμα το Queen X θα πρέπει να είναι περίπου 17-18.
Πριν από τουλάχιστον 70 χρόνια, κανείς δεν θα είχε γεννήσει. Ένα άλλο παράδειγμα: Εάν το παιχνίδι σας περιλαμβάνει έναν πάστορα, τα παιδιά τους μπορεί να έχουν ονόματα όπως Σάιμον, Τζον, Μαίρη ή Έσθερ - αυτές οι λεπτές αποχρώσεις μπορούν να μάθουν γρήγορα - πιστέψτε με! Μερικές φορές ένα όνομα μπορεί να σας βοηθήσει να καθορίσετε ποιος είναι ένας χαρακτήρας. Αυτό μπορεί να εξαρτάται από την προσωπική προτίμηση. Για μια συμπαθή νεαρή γυναίκα, προτιμώ τη Silvia, τη Helga ή τη Heidi ως ονόματα που πρέπει να εξετάσω. Τείνω να συσχετίζω ονόματα όπως η Katharina, η Elisabeth ή η Gertrud με χαρακτήρες επιρρεπείς σε συγκρούσεις στη σκηνή, οπότε όταν διαβάζω τα ονόματά τους τείνω να οραματίζομαι αυτές τις γυναίκες ως υπεύθυνες. Αντίθετα, προτιμώ να αποκαλώ οποιεσδήποτε ανδρικές φιγούρες που φαίνονται κάπως αμήχανες Joachim Focko Gerd Heinrich ή Kunibert. Ο Sven, ο Jorg, ο Andre ή ο Sebastian δεν φαίνονται τα κατάλληλα ονόματα για τέτοιους χαρακτήρες. δεν συμφωνείς; Αλλά όπως με οτιδήποτε, αυτό θα μπορούσε να είναι απλώς προσωπική άποψη. *Εάν οποιοσδήποτε αναγνώστης ταυτίζεται με την Elisabeth ή την Gertrud και πιστεύει ότι είναι υπέροχοι άνθρωποι, τότε παρακαλώ συγχωρήστε το σχόλιό μου ως προσβλητική γενίκευση.

Παρεμπιπτόντως, υποθέτω ότι η κυρία μας X είναι γερμανικής κληρονομιάς - εξ ου και το γερμανικό της όνομα Helene Kramer (γνωστή από τη Leni).
Ποιος άλλος πρέπει να πρωταγωνιστήσει στο έργο μας; Ο γιος και η νύφη της Λένης; Αυτό ήταν στο μυαλό μου όταν περιέγραφα τη σκηνογραφία (φωτογραφίες σε τοίχους). Αν αυτό επανήλθε σε σας - καλό. Δεδομένου ότι η Λένι ήταν παντρεμένη στο παρελθόν, τα επώνυμά τους πιθανότατα θα άλλαζαν. ίσως ο Ρούντολφ και η Ίνα Πλάις; Γιατί να το κάνουμε; Δεδομένης της συμφωνίας μας ότι η Λένι ήταν χήρα, αυτό φαίνεται αρκετά κατάλληλο για την ιστορία. Μέχρι στιγμής έχουμε τρία νούμερα. Η Λένι, ο γιος της και η

γυναίκα του. Αν η Λένι παντρεύτηκε όταν ήταν μεταξύ 20-30, αυτό μας δίνει εκδοχές 40-50 ετών για το καθένα. Έχουν και οι δύο παιδιά; Θα ήταν αποδεκτό εάν αναλαμβάναμε τον ρόλο της εύρεσης και πρόσληψης ενός ατόμου που έχει εξαιρετική σχέση με τη γιαγιά του και θα μπορούσε να παίξει αναπόσπαστο ρόλο στις ομαδικές μας αγκυλώσεις; Θα δούλευε ο Daniel Pleiss; Πρόστιμο. Με ένα τέτοιο ηλικιακό εύρος θα υπήρχε πάντα χώρος για ανάπτυξη μεταξύ των ομάδων - για όλους τους εμπλεκόμενους. Χαρακτήρες στο κομμάτι. Ζητήστε μόνο συγκεκριμένες πληροφορίες ηλικίας εάν είναι πραγματικά απαραίτητο. Για παράδειγμα, θα μπορούσα να δώσω ένα παράδειγμα όπως: "Τα 75α γενέθλια". Στην ιδανική περίπτωση, όμως, ένας ηθοποιός θα απεικόνιζε πρώτα τον εαυτό του ως ηλικίας 74 ετών πριν υποδυθεί αυτόν τον χαρακτήρα στη σκηνή. Το κομμάτι μας επικεντρώνεται στην συνειδητοποίηση της ηλικίας συνταξιοδότησης από τη Λένι, και αυτό πιθανότατα θα προκύψει στον διάλογό της. Επομένως, η ηλικία του θα πρέπει να αντικατοπτρίζει την πραγματικότητα με μεγαλύτερη ακρίβεια από άλλους χαρακτήρες». Για τη Λένη μας λοιπόν, αυτός ο αριθμός είναι 70! Οι θεατρικές ομάδες πρέπει τώρα να παρουσιάσουν μια ηθοποιό ηλικίας 70 ετών για αυτόν τον ρόλο, ωστόσο οι make-up artists μπορούν να μετατρέψουν 20χρονες σε ηλικιωμένες γυναίκες μέσω του μακιγιάζ. Το να κάνεις κάποιον νεότερο απαιτεί περισσότερη προσπάθεια. Εάν η συζήτηση μιας ακριβούς ηλικίας είναι σημαντική στον διάλογο ή ερωτηθεί ευθέως για τη σημασία της, τότε φροντίστε να δηλώσετε αυτό το γεγονός με ακρίβεια στο διάλογο ή σε άλλες μορφές συζήτησης.

Τώρα στα στοιχεία μας. Τώρα έχουμε τέσσερις: Λένι, Ρούντολφ, Ίνα και Ντάνιελ - θυμάστε τη βασική μας ιδέα; Φανταστείτε αυτή τη σκηνή ξανά με τη Λένη στο μαγαζί της και τι μπορεί να συμβεί. Η σύγκρουση υπάρχει ήδη μέσα στη βασική μας ιδέα - σε περίπτωση που σας ξέφυγε από το μυαλό... εδώ είναι μια υπενθύμιση: Μια 70χρονη γυναίκα που διευθύνει ένα γωνιακό κατάστημα θα πρέπει να σταλεί σε μια υποβοηθούμενη συνταξιοδότηση από τα παιδιά της».

Στον πυρήνα της, αυτή η ιστορία μπορεί να χωριστεί σε «καλούς» και «κακούς». Αυτό είναι καλό γιατί διαφορετικά δεν θα υπήρχε σύγκρουση - κάτι που θα καθιστούσε κάθε παιχνίδι κοσμικό και βαρετό. Εξακολουθούμε να χρειαζόμαστε χαρακτήρες που υποστηρίζουν την πλευρά της Λένι (π.χ. τη μητέρα ή τον μπαμπά της). Οι χαρακτήρες με τους οποίους η Λένι μπορεί να συζητήσει την κατάστασή της είναι σημαντικοί: Σε ποιον θα μπορούσε να απευθυνθεί, φίλους της ίδιας ηλικίας με τους οποίους μπορεί να συζητήσει σχέδια για το μέλλον των παιδιών της, ίσως και κάποιος να είναι χήρος... Χμ... Αυτό θα μπορούσε να αποδειχθεί αρκετά ενδιαφέρον ! Ας διαλέξουμε δύο: Helga Willms και Trude Lehmann είναι μόνο δύο ονόματα που βρήκα - τώρα έχουμε ήδη έξι φιγούρες. είναι αρκετά αυτά; Προσωπικά θα προτιμούσα δύο επιπλέον μόνο για πρόσθετη πολυπλοκότητα - πείτε μου τις σκέψεις σας παρακάτω στην ενότητα σχολίων παρακάτω! έτσι νομίζω

Ο γιος σας σύστησε τη Λένι σε ένα άτομο που θα μπορούσε ενδεχομένως να έρθει κοντά, ερωτευμένος σοβαρά τη Λένι ή απλώς ενεργώντας ως ενδιάμεσος στη συνωμοσία του εναντίον της Λένι; Επιπλέον, τι θα λέγατε για τις νέες γυναίκες ως πιθανές μνηστήρες; - Ο Ντάνιελ θα μπορούσε να γνωρίσει αυτή τη νεαρή κοπέλα είτε μέσω φιλίας είτε μέσω ρομαντικού ενδιαφέροντος. αλλά τι θα γινόταν αν ο γιος της Λένι, ο Ντάνιελ, είχε επίσης έναν νεαρό εραστή; Όλα είναι δυνατά και σκοπεύω να δημιουργήσω και τους δύο χαρακτήρες. ας φωνάξουμε τον κύριο Karl-Heinz Ahrens και τη δεσποινίδα Gabi Meyer! Σε αυτό το σημείο, πιστεύω ότι έχουμε ολοκληρώσει τη λίστα των χαρακτήρων μας. Ενώ ενδέχεται να χρειαστούν επιπλέον άτομα ή να εξαλειφθούν οι υπάρχοντες χαρακτήρες. αυτό θα εξαρτηθεί από το πώς θα εξελιχθεί το κομμάτι. Ας συγκεντρώσουμε την πλήρη λίστα μας, η οποία θα πρέπει να εμφανίζεται στη σελίδα 4 του χειρογράφου σας και θα μπορούσε να μοιάζει κάπως έτσι: Παίκτες: 5 γυναίκες/3 αρσενικοί χαρακτήρες

Helene Kramer (ονομάζεται Leni) - χήρα (70 ετών). Rudolf Pleiss - Ο γιος του Rudolf από τον πρώτο του γάμο (40-50 ετών). H Ina Pleiss ήταν η σύζυγος του Rudolf από τον δεύτερο γάμο του (περίπου 40-50 ετών). Daniel Pleiss (και οι δύο γιοι - 20-25 ετών). Επιπλέον, η Helga Willms, η στενή φίλη της Leni ήταν περίπου 60 ετών. Ο Trude Lehmann έπαιξε επίσης αναπόσπαστο ρόλο. Ο Karl-Heinz Arens ήταν παρών σε όλη αυτή την περίοδο -70 χρόνια).
Gabi Meyer (20-25 ετών).

Καθώς το έργο μας απαιτεί πέντε γυναίκες και τρεις άνδρες ηθοποιούς, αυτός ο συνδυασμός θα πρέπει να αποδειχθεί ευέλικτος για χρήση σε πολλά στάδια. Ο Karl-Heinz και η Gabi εξακολουθούν να παραμένουν ανοιχτοί ρόλοι - η σχέση τους με τη Leni εξακολουθεί να αναπτύσσεται καθώς γράφουμε. Όταν επέλεξα τους φίλους της Leni, επέλεξα πολλές ηλικίες, επειδή σε πολλά στάδια δεν συμμετέχουν τρεις παίκτες που είναι όλοι ήδη 70 ετών μαζί - επιπλέον του χιουμοριστικού διαλόγου μεταξύ χαρακτήρων που έχουν όλοι ξεχωριστές προοπτικές λόγω ηλικιακής διαφοράς.
Χαρακτήρας και εμφάνιση Περιγραφή χαρακτήρων

Τώρα που έχουν επιλεγεί οι πρωταγωνιστές, μπορείτε να αφιερώσετε χρόνο για να περιγράψετε κάθε χαρακτήρα στην επόμενη σελίδα. Ενώ ορισμένοι συγγραφείς κάνουν αυτό το βήμα ρητά, προτιμώ ο διάλογος να με οδηγεί απευθείας στην ανάπτυξη χαρακτήρων - διαφορετικά το κομμάτι μου πιθανότατα δεν θα λειτουργούσε τόσο καλά. Οι χαρακτήρες υπάρχουν αποκλειστικά μέσα στο μυαλό σας. Η σύγκρουση που προστέθηκε νωρίς δημιουργεί διαφορετικούς τύπους ανθρώπων με ξεχωριστά χαρακτηριστικά χαρακτήρα. Ομοίως, οι περιγραφές ρούχων πρέπει να περιγράφουν ποιος εμφανίζεται. Το ντύσιμο εξαρτάται επίσης από τον χαρακτήρα. Εάν είναι πιο λογικό να απεικονίσετε τους χαρακτήρες σας στη σελίδα 5, μη διστάσετε να το κάνετε. Στην ίδια σελίδα κάτω από τα ονόματά τους, γράψτε τον χρόνο αναπαραγωγής, την τοποθεσία και πιθανώς τη διάρκεια του κομματιού - οι εκδότες και οι ομάδες εκτιμούν πάρα πολύ αυτή τη χειρονομία! Αυτό θα μπορούσε να μοιάζει κάπως έτσι:

Ώρα παιχνιδιού και τοποθεσία για αυτό το έργο: Καλοκαίρι στο Blumberg (μικρό χωριό κάπου στη Γερμανία).
Χρόνος αναπαραγωγής: Περίπου. 100 λεπτά χωρίς διαλείμματα
Ο χρόνος αναπαραγωγής του κομματιού σας εξαρτάται αποκλειστικά από εσάς. Ορισμένα έργα έχουν επίσης αναπτυχθεί γύρω από συγκεκριμένες γιορτές όπως τα Χριστούγεννα, το Πάσχα ή την Πεντηκοστή. αυτό στη συνέχεια καθορίζει την εποχή του αυτόματα. Φυσικά, εάν το κομμάτι σας εκτείνεται σε πολλές εποχές, οι εποχές αλλάζουν επίσης ανάλογα. Για παράδειγμα: Αν η Πράξη 1 του έργου της ξεκινήσει τον Φεβρουάριο. Η γέννηση του παιδιού λαμβάνει χώρα κατά τη διάρκεια του νόμου 2, ο οποίος λαμβάνει χώρα τον Αύγουστο ή τον Σεπτέμβριο. Αυτές οι πληροφορίες είναι απαραίτητες, καθώς οι ηθοποιοί πιθανότατα θα φορούν διαφορετικά ρούχα κατά τη διάρκεια του χειμώνα και του Αυγούστου αντίστοιχα, και μπορείτε να προσθέσετε περισσότερους διαλόγους με βάση το κλίμα στον διάλογο. Θα προτιμούσα το έργο μας να διαδραματίζεται αποκλειστικά το καλοκαίρι. Δεν ξέρω ακόμα τη διάρκεια, αλλά δεν αρκούν περισσότερες από 4-6 εβδομάδες - ή μπορεί να είναι αρκετό ένα καλοκαίρι. Σκηνικό: Η έμπνευσή μου για αυτό το κομμάτι με το γοητευτικό μικρό παντοπωλείο του προέρχεται από εικόνες μικρών χωριών - τόσο αστικών όσο και αγροτικών.
Το πού γίνεται το κομμάτι σας δεν έχει μεγάλη σημασία. Το μόνο που έχει σημασία είναι ότι το κοινό του αναγνωρίζει γρήγορα ότι αυτό το μικρό μέρος και η κοντινότερη πόλη απέχουν μόνο χιλιόμετρα. Προτιμώ τη δημιουργία φανταστικών ονομάτων χώρων. αληθινά μέρη σπάνια κάνουν την εμφάνισή τους στη δουλειά μου. Σε ορισμένες ομάδες αρέσει ακόμη και να προσαρμόσουν τη δράση στο σημείο που λαμβάνει χώρα πραγματικά η απόδοσή τους, εάν είναι απαραίτητο. Δεν με πειράζει? Ο χώρος μας στο Blumberg ακούγεται σαν χωριό ούτως ή άλλως!

Ο χρόνος αναπαραγωγής εξαρτάται από το μήκος των σελίδων. Για παράδειγμα, η επιλογή μεγέθους 12 Times New Roman γραμματοσειράς και DIN A5 ως μεγέθη σελίδων θα παρήγαγε κάτι σαν το παράδειγμα διαλόγου στη σελίδα 61 αυτού του βιβλίου - ωστόσο συνιστώ να εισαγάγετε παραγράφους μεταξύ των διαλόγων για μεγαλύτερο αντίκτυπο. Με αυτή τη μορφή, 90 σελίδες κειμένου ισοδυναμούν με περίπου 90 λεπτά καθαρής αναπαραγωγής. tip: ένα ιδανικό κομμάτι δεν πρέπει να ξεπερνά τα 120 λεπτά χωρίς διαλείμματα - 90 είναι το ιδανικό.

Τα 100 λεπτά που αναφέρονται στην περιγραφή δεν είναι δεσμευτικά και χρησιμεύουν μόνο ως παράδειγμα.

Αυτό που πρέπει να συμπεριληφθεί στις πρώτες σελίδες είναι μια περίληψη του περιεχομένου σας, ωστόσο αυτό μπορεί να μην είναι ακόμα δυνατό, επειδή δεν τα γνωρίζουμε ακόμη όλα. τουλάχιστον όχι εγώ! Αλλά αν το γνωρίζετε, σας επικροτώ και σας ενθαρρύνω να τα γράψετε όλα αμέσως.

Τα προγράμματα επεξεργασίας κειμένου μάς δίνουν τη δυνατότητα να προσθέτουμε και να διαγράφουμε κείμενο κατά βούληση και να αλλάξουμε τη διάταξη ανά πάσα στιγμή, όπως κάνουν οι εκδότες πριν εκτυπώσουν το χειρόγραφό σας. Προτείνω να ρυθμίσετε τις σελίδες για το κομμάτι σας τουλάχιστον τώρα. ορισμένοι εκδότες χρησιμοποιούν το DIN A4, ενώ κάποιοι προτιμούν το DIN A5. Τελικά εξαρτάται από εσάς ποια μορφή λειτουργεί αρχικά για το κομμάτι σας - μπορείτε πάντα να αλλάξετε μορφές αργότερα! Υποθέτοντας ότι θέλετε μια αλλαγή, ρυθμίστε τις σελίδες με DIN A5, ξεκινώντας από τη σελίδα 5. Σε αυτήν τη σελίδα ξεκινάτε να γράφετε την πρώτη πράξη. Τα εξώφυλλα 2-4 περιέχουν τίτλους/συγγραφείς/περιεχόμενο/παίκτες και λεπτομέρειες σχεδίασης σκηνής. Το μόνο που χρειάζεται πραγματικά για τη δημιουργία σελίδων είναι ένας πίνακας με ονόματα χαρακτήρων στην αριστερή άκρη και διαλόγους σε πίνακα, ώστε να είναι ευκολότερο για τους ηθοποιούς να μάθουν - όπως αυτό:

Beatrice: Paula, πάρτε μια διαφορετική οπτική: είσαι single και χρειάζεσαι κάποια υποστήριξη - στα 55, αυτό σημαίνει ότι ζεις μόνο με ένα εισόδημα...

Paula: Ευχαριστώ που μου θύμισες την εκπληκτική μου ζωή!

Beatrice: Γιατί να μπεις στον κόπο να κάνεις διακοπές, όταν το μόνο που θα κάνει είναι να προσφέρει προσωρινή ανάπαυλα στο Merseburg και δεν έχεις ταλέντο να διαλέγεις χριστουγεννιάτικα δώρα;

Paula: Υπομονή! Τα παιδιά της αδερφής μου Gertrud περιμένουν με ανυπομονησία κάθε χρόνο τα δώρα από τη θεία Paula. δηλαδή τρεις από αυτούς ηλικίας 12, 15 και 21 ετών - ξέρω τι απαιτήσεις έχουν οι νέοι όσον αφορά τα δώρα (τρώει ξανά). (Η Πάουλα πρέπει να σταματήσει)

Beatrice: Τα χριστουγεννιάτικα δώρα φέτος μπορεί να είναι μικρότερα.

Paula: Ναι, ακριβώς 50 τοις εκατό μικρότερο. - Σε νοιάζει τι μας κάνουν εδώ;! Γιατί συμπεριφέρεσαι πάντα έτσι - ΠΙΑΝΟ;

Beatrice: Επειδή δεν έχει νόημα να θυμώνουμε για πράγματα που εμείς ως μέσοι πολίτες δεν μπορούμε να επηρεάσουμε. Για παράδειγμα, η οικονομία της Γερμανίας

αντιμετωπίζει σκληρό ανταγωνισμό, ενώ άλλα ευρωπαϊκά έθνη μπορούν να παράγουν σοκολάτα πιο οικονομικά - έτσι ακριβώς λειτουργούν τα πράγματα.
Paula: Γεια σας... Μπορώ να έχω την άποψή σας για αυτή τη συνάντηση όλων των εργαζομένων της εταιρείας...; Paula:

Έχετε ολοκληρώσει αυτό το βήμα; Εξαιρετική. Τώρα επιλέξτε μια ευανάγνωστη γραμματοσειρά. Οι Times New Roman και Arial είναι δημοφιλείς επιλογές. Εάν όλα αυτά προκαλούν προβλήματα και είστε νέος στο WORD ή χρειάζεστε περαιτέρω οδηγίες από εμένα, μπορώ να προσφέρω μόνο βασικές οδηγίες. Το βιβλίο μου δεν θα παρείχε σε βάθος εξηγήσεις σχετικά με τον τρόπο χρήσης ενός προγράμματος επεξεργασίας κειμένου όπως το Word. Ως εκ τούτου, η καλύτερη επιλογή μπορεί να είναι να ζητήσετε από κάποιον έμπειρο να σας διδάξει τα βασικά του ή να παρακολουθήσετε ένα μάθημα στο WORD.

Στη σελίδα 5, γράφετε "ΔΡΑΣΤΕ ΠΡΩΤΑ. Οι πράξεις 3 πράξεων είναι εξαιρετικά δημοφιλείς μεταξύ των θεατρικών ομάδων και προτιμώ να γράφω ο ίδιος έργα σε αυτή τη μορφή. Ο αριθμός των πράξεων εξαρτάται σε μεγάλο βαθμό από το πόσο συχνά ή αν καθόλου η δουλειά σας απαιτεί χρόνο- πηδώντας, καθώς αυτή θα είναι πιθανότατα η αρχική σας προσπάθεια, θα ήταν μάλλον λογικό να ξεκινήσετε με ένα 3-πρωταγωνιστικό ρόλο ακόμα και ακούμε μόνο θόρυβο Στο "Welcome to Chez Andre", που γράφτηκε μαζί με τον Christoph Bredau όλα μοιάζουν κάπως έτσι:

Πρώτη Πράξη. (Όταν ανοίγει η κουρτίνα, ο Αντρέ και ο Φρανκ κάθονται γύρω από ένα τραπέζι και διαβάζουν μια έκδοση καθημερινής εφημερίδας ενώ φαίνονται ελαφρώς καταβεβλημένοι. Υπάρχει ένα κινητό τηλέφωνο στο τραπέζι, είναι Τρίτη απόγευμα με αντικείμενα διάσπαρτα, όπως ρούχα, εφημερίδες, άδεια μπουκάλια και συσκευασίες τροφίμων).
Μην υπερβάλλετε, αλλά φανταστείτε δύο άτομα ντυμένα ατημέλητα (μπλουζάκια ή ανοιχτά πουκάμισα χωρίς κουμπιά, τζιν με σκασίματα και φθαρμένα sneakers, παλιά αθλητικά παπούτσια). Δεν φαίνονται πολύ τακτοποιημένα. Φαίνονται να έχουν μικτά παπούτσια. Φαίνονται όχι πολύ τακτοποιημένα μεταξύ τους -όχι αρκετά τακτοποιημένα αλλά ούτε βρώμικα- όταν περπατούν το ένα προς το άλλο με «απρεπή τρόπο»).

Επομένως, πρέπει να δώσετε λεπτομέρειες σχετικά με το ποιος είναι παρών, τι κάνει και ποια σκηνικά μπορεί να χρειάζονται ακόμα σε μια σκηνή. Όταν περιγράφετε τα ρούχα των ηθοποιών καθώς και τη διάθεση/συμπεριφορά/ώρα της ημέρας, όλα μπορούν να βοηθήσουν στη δημιουργία της εντύπωσης που έχει ο θεατής για όλα όσα βλέπει ταυτόχρονα: ολόκληρο το σκηνικό και την πρώτη σκηνή - ενημερώστε τον/την αμέσως χωρίς να χρειάζεται διάλογος από τους ίδιους τους ηθοποιούς!

Τι θα σκεφτόμουν αν περιέγραφα την αρχή του «Welcome to Chez Andre» όπως έκανα πριν σε μόλις 10-20 δευτερόλεπτα ως θεατής;

Μπορώ να οραματιστώ δύο άντρες, κανένας από τους δύο ντυμένους πολύ τακτοποιημένα, να διαβάζουν εφημερίδες σε ένα τραπέζι μαζί ενώ φαίνονται βαριεστημένοι και να κάθονται εκεί να τους διαβάζουν και τους δύο ενώ δείχνουν μάλλον βαριεστημένοι - μια στιγμιαία κατανόηση για κάθε θεατή! Αυτή η σκηνή πρέπει να είναι ξεκάθαρη σε όλους σωστά;

Μόλις το κοινό σας αρχίσει να σκέφτεται, το κομμάτι σας ξεκινά τον πρώτο του διάλογο. Δεν χρειάζονται μακροσκελείς προλόγους και εισαγωγές. ξεκινήστε απευθείας από αυτήν την αρχική κατάσταση. Ως θεατής, μπορώ ήδη να πω ότι κάτι δεν πάει καλά μεταξύ των δύο χαρακτήρων. οι αλληλεπιδράσεις τους φαίνονται άβολες, αφήνοντας ένα μέλος του κοινού να γνωρίζει κάτι από αυτή τη σκηνή χωρίς λόγια. - Ένα άλλο παράδειγμα θα μπορούσε να είναι:

Στην αρχή της Πράξης 1 (Μεγάλη Πέμπτη περίπου στις 16.30), δεν θα υπάρχουν παίκτες στη σκηνή όταν ανοίξει η αυλαία. Αντίθετα, υπάρχουν μόνο λουλούδια με μαραμένα πέταλα που κάθονται μαραμένα σε σκαμπό λουλουδιών και περβάζια, μαζί με τηλεοράσεις καλυμμένες με σεντόνια ή υφάσματα και πιθανώς άλλα αντικείμενα καλυμμένα με υφασμάτινα καλύμματα.)

Εδώ, η αρχική κατάσταση είναι πιο ασυνήθιστη. Κανένας παίκτης στη σκηνή. Μαραμένα λουλούδια και καλυμμένα έπιπλα είναι όλα παρόντα. τι πρέπει να κάνει ο θεατής από όλα αυτά; Υπάρχουν άνθρωποι που κρύβονται εδώ; Σίγουρα έτσι φαίνεται...

Κανείς δεν ήταν εκεί εδώ και καιρό -δεν ξέρουμε αν το διαμέρισμα είναι άδειο ή οι κάτοικοί του ταξιδεύουν μακριά- αλλά το κοινό θα μάθει γρήγορα στην πρώτη σκηνή και τον διάλογο που ακολουθεί. Ένα γεγονός που δεν αποκαλύπτεται μέσω κειμένου: Είναι Μεγάλη Πέμπτη. Ωστόσο, σύντομα αυτό γίνεται γνωστό μέσα από τον διάλογο που ακολουθεί. - Τρίτο παράδειγμα:

Ο Χάραλντ κάθεται στο γραφείο του και πληκτρολογεί στο πληκτρολόγιο του υπολογιστή του. Η Λένα σκουπίζει τη σκόνη μπροστά του. Ο Χάραλντ φαίνεται ενοχλημένος από τον θόρυβο του ενώ η Λένα εμφανίζεται στενοχωρημένη από όλο αυτό και σκουπίζει συνεχώς τα δάκρυά της - όλα αυτά ένα συνηθισμένο πρωινό Σαββάτου!

Κατά την άνοδο της αυλαίας βρίσκουμε δύο ζωηρούς ηθοποιούς στη σκηνή. ένας άντρας και μια γυναίκα. Αν και παραμένει άγνωστο αν αυτοί οι δύο είναι παντρεμένοι ή σύντροφοι ζωής. Ωστόσο, βλέπουμε στοιχεία σύγκρουσης χωρίς να ανταλλάσσονται λόγια

- με τον ίδιο να ενοχλείται από τον ήχο της ηλεκτρικής σκούπας του. φαίνεται πολύ στενοχωρημένη από όλα αυτά. Κανένα πρόσθετο στήριγμα (εκτός ίσως από την ίδια ηλεκτρική σκούπα) δεν φαίνεται απαραίτητο εδώ - στην πραγματικότητα η σχεδίαση της σκηνής παραμένει αμετάβλητη όπως περιγράφηκε προηγουμένως.

Μόλις περιγράψετε την αρχή του παιχνιδιού, ξεκινήστε αμέσως τον διάλογο στην πρώτη σκηνή της Πράξης 1. Μερικοί συγγραφείς που δοκιμάζουν το πρώτο τους μυθιστόρημα κάνουν το λάθος να γράφουν μακροσκελείς διαλόγους ως αρχική εισαγωγή. αυτό μπορεί να είναι κουραστικό και άβολο. Αντίθετα, προχωρήστε κατευθείαν στη δράση στη Σκηνή 1 χωρίς περιττά προοίμια, καθώς οι σχέσεις και οι συγκρούσεις θα πρέπει να εμφανίζονται φυσικά κατά τη διάρκεια του παιχνιδιού.

Ως μέλος του κοινού, βιώνω συχνά τους σκηνοθέτες να βγαίνουν μπροστά από την αυλαία και να μας καλωσορίζουν πριν εξηγήσουν και περιγράψουν το κομμάτι - μερικές φορές μέχρι την τελευταία λεπτομέρεια και συμπεριλαμβανομένης μιας ενδεχόμενης γροθιάς. Αυτές τις στιγμές μπορούσα να ανέβω στη σκηνή και να σκοτώσω αμέσως αυτό το άτομο. κάποιος πρέπει πρώτα να μου τα εξηγήσει όλα!

Όσο κι αν θέλω να παρακολουθήσω αυτήν τη στιγμή, το περιεχόμενο πρέπει να είναι τόσο κακώς γραμμένο ή αυτό το άτομο τόσο ανίκανο ώστε να απαιτεί αυτήν την απαίτηση.

Το κάνει αυτό επειδή υποθέτει ότι το κοινό του δεν έχει αρκετή ευφυΐα για να εκτιμήσει την κωμωδία. Μια τρίτη πιθανότητα θα μπορούσε να είναι ότι έχει αποκοπεί τόσο πολύ κείμενο που είναι απαραίτητη μια εξήγηση. Ως θεατής, όμως, πρέπει να κατανοήσω όλα τα στοιχεία χωρίς να χρειάζομαι ανακοινώσεις και εξηγήσεις από έναν υπάλληλο.

Πώς θα μπορούσε λοιπόν να μοιάζει η εναρκτήρια σκηνή του έργου σας; Τώρα που καταλάβαμε την κεντρική του ιδέα, έχετε πολλές επιλογές στη διάθεσή σας για να ξεκινήσετε τη δράση της ιστορίας. Σκεφτείτε αυτές τις πιθανότητες: 1. Δεν υπάρχουν παίκτες στη σκηνή, αλλά ακούμε τη Λένι να αποχαιρετά έναν πελάτη πριν έρθει στο σαλόνι αμέσως μετά. 2. Η Λένι και τα παιδιά της κάθονται γύρω από ένα τραπέζι. 3. Η Λένι εισάγει τον Ντάνιελ τον εγγονό της στο σαλόνι.

4. Η Λένη είναι στο μαγαζί της όταν μπαίνουν ο γιος και η νύφη της και συζητούν το μέλλον του μαζί με αυτό του μαγαζιού της Λένι και του δικού της.

Υπάρχουν λοιπόν διάφοροι τρόποι με τους οποίους μπορείτε να ξεκινήσετε τη δράση, αλλά τελικά η επιλογή είναι δική σας. Η σύγκρουση είναι το θεμέλιο όλων των κωμωδιών, επομένως όταν τοποθετείτε ένα θα πρέπει να εμφανίζεται μέσα σε πέντε λεπτά ή να αναπτύσσεται γρήγορα στην πρώτη πράξη - δημιουργώντας ένα συναρπαστικό, διασκεδαστικό έργο! Στην περίπτωσή μας, αυτό σήμαινε την παροχή γρήγορων ενημερώσεων σχετικά με το τι έκαναν τα παιδιά της Leni αρκετά γρήγορα.

Κάθε τόσο λαμβάνω χειρόγραφα από νέους συγγραφείς που αναζητούν την ειλικρινή μου γνώμη πριν την προσφέρω στους εκδότες. Αν και τα δραματουργικά σωστά έργα είναι υποκειμενικά ζητήματα γούστου, μπορώ να παρέχω στους πρωτοεμφανιζόμενους συγγραφείς ειλικρινείς συμβουλές σχετικά με τυχόν σοβαρά λάθη στα χειρόγραφά τους ή την έλλειψή τους. Όταν διαβάζετε ένα έργο, όπως δύο ή τρεις ηθοποιοί έχουν μια ευχάριστη συζήτηση στην οποία όλα τα εμπλεκόμενα μέρη απλώς γνέφουν ή συμφωνούν χωρίς διαφωνία και ο θεατής αρχίζει να αναρωτιέται τι συμβαίνει, σίγουρα δεν είναι καλή γραφή. κάτι πρέπει να συμβεί ή τουλάχιστον πρέπει να τους αφήσει να σκεφτούν έτσι!
Στη σκηνή, τίποτα ενδιαφέρον δεν πρέπει να συμβαίνει χωρίς σύγκρουση! Θυμηθείτε αυτή τη φράση:
"Καμία σύγκρουση δεν είναι κατάλληλη!!!!". Επομένως, ορίστε πώς θα μπορούσε να ξεκινήσει το κομμάτι μας στην πρώτη του σκηνή:
Ο Ρούντολφ και η Ίνα στέκονται σιωπηλά στο δωμάτιο όταν ανοίγει η κουρτίνα. και οι δύο φαίνονται αβέβαιοι και αβέβαιοι. Η Λένι ακούγεται να αποχαιρετά έναν από τους πελάτες τους από πίσω).
Αν επιλέξουμε αυτή τη διαδρομή, το κοινό θα βυθιστεί αμέσως στην πρώτη σκηνή του δράματος. Ενώ μπορεί ήδη να περιμένεις ότι ο Ρούντολφ και η Ίνα θέλουν να συναντήσουν τη Λένι, ας αλλάξουμε τα πράγματα: Τι γίνεται με αυτό:
(Όταν ανοίγει η αυλαία, δεν υπάρχει κανένας παίκτης στη σκηνή. Στη συνέχεια, η Λένι προχωρά από πίσω με ένα ταμείο, κάθεται σε ένα τραπέζι και αρχίζει να μετράει χρήματα· λίγο μετά ο Ντάνιελ μπαίνει από τα δεξιά.)
Τώρα μαθαίνουμε για τη Λένι και το μαγαζί της, γνωρίζουμε τον Ντάνιελ και μπορούμε να επιτρέψουμε τη σύγκρουση να εμφανιστεί αργότερα - το πόσο γρήγορα το κοινό αντιμετωπίζει αυτή τη σύγκρουση εξαρτάται από εσάς. αυτό που έχει σημασία είναι ότι συμβαίνει καθόλου.

Ένα έργο περιλαμβάνει συνήθως πολλές πράξεις. Στην πρώτη πράξη, δημιουργήσαμε σύγκρουση παρέχοντας στο κοινό πληροφορίες για χαρακτήρες. Κατά τη δεύτερη πράξη αναπτύσσουμε περαιτέρω στοιχεία πλοκής και φτάνουμε σε κορυφές. Τελικά στην τρίτη πράξη διευκρινίζουμε τη σύγκρουση και τα τελειώνουμε όλα - εκπληρώνοντας τους περισσότερους χαρακτήρες ενώ αφήνουμε μια ευχάριστη εμπειρία θέασης για τους θεατές.

Κάθε κομμάτι στο έργο μας περιλαμβάνει όχι μόνο μια κύρια πλοκή, αλλά μπορεί επίσης να περιέχει υποπλοκές. Η Λένη και το μαγαζί της είναι το κύριο οικόπεδό μας. Πρόσθετες υποπλοκές θα μπορούσαν να περιλαμβάνουν τον Ρούντολφ που προσελκύεται από τον Ντάνιελ ή το αντίστροφο ή πιθανώς η Λένι να έχει προβλήματα γάμου.

Πριν γράψετε την πρώτη σας πράξη, θέλω να επισημάνω ένα λάθος που βλέπω συχνά στα χειρόγραφα που στέλνουν νέοι συγγραφείς: συχνά κάνουν το λάθος να διαλύουν ρομαντικά ζευγάρια πολύ νωρίς ή απλά δεν δίνουν αρκετή ανάπτυξη χαρακτήρα γενικά. Σε καμία περίπτωση δεν πρέπει να συμβεί αυτό:

Οι πράξεις συνήθως διαρκούν 25-35 λεπτά (αν το παιχνίδι σας με τρεις ή τέσσερις πράξεις είναι αρκετά μεγάλο) χωρίς χρονικές αλλαγές. Έτσι, εάν η σκηνή του τραπεζιού πρωινού ξεκινά στις 8 π.μ. και τελειώνει στις 8:30 π.μ., τότε αυτή η πράξη έχει ολοκληρωθεί στις 8:30 π.μ. Ξεκινήστε τη δεύτερη πράξη γύρω στις 3 μ.μ. το απόγευμα και θα πρέπει να τελειώσει γύρω στις 3:30 μ.μ. Αυτό θα πρέπει να κάνει πραγματικό χρόνο κατά τη διάρκεια του παιχνιδιού σας. Ωστόσο, εάν προκύψουν αναπόφευκτες αλλαγές χρόνου (π.χ. λόγω εισόδου/εξόδου ηθοποιών σε διαφορετικές ώρες), πρέπει να βρεθούν έξυπνες λύσεις (π.χ. εισαγωγή πολλαπλών πράξεων και διαφορετικών σκηνών ταυτόχρονα). Αλλάξτε από το βράδυ στο πρωί χρησιμοποιώντας μουσική και εφέ φωτός, ώστε ο θεατής να γνωρίζει αυτές τις χρονικές αλλαγές. Κατά προτίμηση, αυτό θα πρέπει να συμβεί κατά τη διάρκεια ενός κατάλληλου διαλείμματος χωρίς ηθοποιούς να είναι παρόντες στη σκηνή. αλλά γενικά θα ήταν σοφότερο να μην το κάνουμε αυτό. Μεταξύ των πράξεων, ο χρόνος μπορεί να παιχτεί όπως σας ταιριάζει - αυτό μπορεί να περιλαμβάνει λεπτά, ώρες, ημέρες, εβδομάδες, μήνες και χρόνια! Απλά μην αλλάζετε τον χρόνο με μία μόνο πράξη! Έχω διαβάσει χειρόγραφα και έχω δει θεατρικά έργα όπου η πρώτη πράξη ξεκινά στο πρωινό και τελειώνει 25 λεπτά αργότερα, όταν ο κύριος χαρακτήρας πηγαίνει σε μια ντίσκο που άνοιξε τις πόρτες της στις 8 το πρωί! Και όμως ο διάλογος συνήθως δείχνει ότι ήταν αργά το βράδυ μέχρι τότε - πώς πρέπει να κατανοήσω αυτό το σενάριο ως θεατής; Μην κάνετε τέτοιου είδους λάθη!

Καθώς γράφετε, κρατήστε κάθε χαρακτήρα στην πρώτη γραμμή του μυαλού σας καθώς γράφετε. Πού είναι αυτή τη στιγμή - ποιες είναι οι προθέσεις της; Αυτό θα αποτρέψει τη

Leni από το να μπει στην κρεβατοκάμαρα και μετά να επιστρέψει αργότερα ως ξένος. πρέπει να είχε μπει μέσω κάποιου άλλου μέσου αν ίσχυε αυτό και δεν υπήρχε ομοιοκαταληξία ή λόγος στο έργο για μια τέτοια δράση. Διαφορετικά ο θεατής μπορεί να μπερδευτεί και να μπερδευτεί. - Αυτή η ίδια τεχνική λειτουργεί και όταν γράφετε φαντασία flash.

Η διάρκεια της απουσίας αναφέρεται στο πόσο διαρκούν οι απουσίες των ηθοποιών. για παράδειγμα, όταν οι χαρακτήρες κάνουν μεγάλες αγορές θα πρέπει να αφιερώνουν αρκετό χρόνο και να επιτρέπουν στο κοινό να παρακολουθεί όσο καλύτερα γίνεται. Έχετε το νου σας για τυχόν μικρές λεπτομέρειες που μπορεί να ξεφύγουν. Οι θεατές έχουν πολύ οξυδερκή μάτια που παρατηρούν τα πάντα και τα πάντα μπορούν να παρατηρηθούν από αυτούς πολύ εύκολα. Έτσι, όταν ένας ηθοποιός φεύγει από το δωμάτιο για να πάει για ψώνια, δεν μπορεί να επιστρέψει σε δύο λεπτά με γεμάτες τσάντες. Σκεφτείτε πόσο χρόνο χρειάζεστε για ψώνια. δώστε σε αυτόν τον ηθοποιό αρκετό χρόνο στην οθόνη στο κομμάτι σας ή αφήστε τον να εμφανιστεί ξανά αν χρειαστεί.

Καθώς γράφετε την πρώτη πράξη, να έχετε υπόψη σας ότι κάθε γραμμή που λέγεται από τους χαρακτήρες σας πρέπει να αποδίδει νόημα. Αναρωτηθείτε γιατί ένας ηθοποιός λέει κάτι. Δεν ξέρετε τι ακριβώς εννοεί αυτός ο ηθοποιός; Κοίτα:
Anne: (μετά από λίγη συζήτηση) Τι πιστεύετε για τη νέα μας υπηρεσία τσαγιού; Florian: Η μητέρα και ο πατέρας το αγόρασαν για να τιμήσουν την 20η επέτειο του γάμου της αδελφής της μητέρας. τουλάχιστον έξι φλιτζάνια αγοράστηκαν απευθείας από την ίδια τη μητέρα από το Purple Flowers Tea Party Shoppe (Burwood Road). Άννα:
Φλοριάν: Κάτι όμορφο στον τοίχο θα κρατήσει μια ζωή, απάντησε η Άννα με περιφρόνηση. Τι είδους μοτίβο προοριζόταν; Μια γυμνή γυναίκα για την κρεβατοκάμαρά της ίσως; Κάτι παρόμοιο μπορεί να αρέσει στον Florian (χαμογελώντας)
Anne: Ναι, φυσικά - ας το ξεχάσουμε γρήγορα - το ιδανικό δώρο θα πρέπει να είναι κάτι απροσδόκητο που δεν θα ευχαριστήσει απλά τον πατέρα. Florian: Γιατί τα δώρα για την ασημένια επέτειο του γάμου των γονιών πρέπει να είναι διακριτικά και παράξενα; Άννα: Λοιπόν, επειδή είμαστε τα παιδιά - σίγουρα αυτό δεν πρέπει να είναι πολύ δύσκολο;
Florian: Τι νομίζεις... - Η μαμά παραπονιέται εδώ και εβδομάδες για το πώς οι γλάστρες της συνεχίζουν να καίγονται. Anne: Αυτό είναι ένα απαράδεκτο γαμήλιο δώρο από παιδιά! Δεν δίνουν οικιακές συσκευές και κατσαρόλες.
Florian: Σίγουρα. Καλύτερα κάτι πρακτικό παρά κάτι που δεν θα χρησιμοποιήσουν παρά κάτι άσκοπο όπως κάποια μορφή άχρηστων μπιχλιμπιδιών ή παιχνιδιών που δεν θα χρησιμοποιήσουν ποτέ ξανά. Άννα: Όχι, ευχαριστώ - αυτό δεν θα γινόταν ποτέ! Αν ο σύζυγός μου μου έδινε κάτι πρακτικό όπως αυγολέμονο ή τοστιέρα την ημέρα του γάμου μας, δεν θα το παντρευόμουν ούτε αυτό!

Όπως φαίνεται ξεκάθαρα, ένα ζευγάρι αδερφών συζητά ένα κατάλληλο δώρο για τους γονείς τους στην ασημένια επέτειο του γάμου τους, ωστόσο κανένας από τους δύο δεν συμφωνεί σε μια ιδανική λύση - ο ένας γιος προτιμά πρακτικές σκέψεις ενώ ο άλλος επιθυμεί ρομαντισμό και θέλει να γίνει σωστά. Μέσω του διαλόγου, μαθαίνουμε πολλά και για τους δύο χαρακτήρες - κάθε πρόταση έχει νόημα από μόνη της δίνοντας μια εικόνα για το ποιος είπε τι και πότε!

Η μείωση των περιττών λεπτομερειών μόνο και μόνο επειδή η σκηνή σας πρέπει να είναι μεγαλύτερη είναι το κλειδί. Παραμείνετε σε καλό δρόμο παραμένοντας συγκεντρωμένοι. με τον καιρό θα το θέσετε υπό έλεγχο, αλλά στην αρχή συνεχίστε να ρωτάτε "Γιατί ο Χαρακτήρας Χ λέει ή αντιδρά με αυτόν τον τρόπο;" και "Γιατί ο χαρακτήρας Υ απάντησε έτσι;" ως προτροπές.

Ως συνέχεια της προηγούμενης πρότασής μου, επιτρέψτε μου να προτείνω πώς θα μπορούσε να ξεκινήσει η κωμωδία μας στην αρχική της σκηνή:

1. Λένη: (μπαίνοντας από το πίσω μέρος του καταστήματος με το ταμείο και το βιβλίο της, πηγαίνει κατευθείαν προς ένα τραπέζι και κάθεται. Μόλις φτάσει εκεί, αρχίζει να μετράει χρήματα και να γράφει αριθμούς στο βιβλίο της πριν πνιγεί και σταματήσει να μετράει εντελώς). Τα ρούχα της φαίνονται κανονικά και καθημερινά).

2. Σκηνή 2 Ντάνιελ (μπαίνει από δεξιά, φορώντας καλοκαιρινά αθλητικά ρούχα και χτυπάει λίγο πριν. Η Λένι χαίρεται που βλέπει τον εγγονό της) Ντάνιελ! Αγόρι μου!

Ντάνιελ: (ανεβαίνει και δίνει στη Λένι ένα φιλί στο μάγουλο), μετά ρωτά πώς πήγαν οι δουλειές σήμερα πριν δώσει ένα κομπλιμέντο για τις πωλήσεις, ήταν όλοι ικανοποιημένοι;

Λένη: Όσο για τις ανάγκες μου, πάντα ικανοποιούνται και δεν με αναφέρουν πλέον ως θεία Έμμα.

Δανιήλ: Γιαγιά Λένη, μπορώ να έχω άλλο πακέτο τσιγάρα παρακαλώ; Its Leni: Κάπνισμα πολύ συχνά...

Ντάνιελ: (την διακόπτει) Το κάπνισμα βλάπτει την υγεία σου, γερνά το δέρμα, μπορεί να μειώσει την ανικανότητα και να βρωμάει...- Γιαγιά, το κόψιμο δεν είναι τόσο εύκολο...

Λένι: Ο παππούς σου ένιωθε ακριβώς το ίδιο τότε. Δεν μπορούσε να κρατήσει τα χέρια του μακριά από το κάπνισμα και ήταν μόλις 73 ετών!

Daniel: Γιαγιά, χρειάζομαι να με βοηθήσεις. Ο παππούς σου είχε ένα ατύχημα. mes Leni: (ελαφρώς λυπημένη) Ναι. Ας μην το συζητήσουμε. απλά βοηθήστε τον εαυτό σας.

Ντάνιελ (της χαϊδεύει για λίγο τον ώμο, πριν φύγει για να βοηθήσει τον συνεργάτη του στο μαγαζί στο πίσω μέρος) Λένη (τον κοιτάζει για λίγο πριν συνεχίσει τη λογιστική της εργασία)

Τρίτη Σκηνή

Η Ίνα και ο Ρούντολφ περπατούν φορώντας καλοκαιρινά ρούχα. Ο Ρούντολφ χαιρετά την Ίνα για λίγο καθώς η Ίνα κάνει μια άμεση και δυναμική είσοδο: Καλησπέρα πεθερά! Ο Ρούντολφ απαντά γρήγορα: Μητέρα.

Λένη: (ελαφρώς ξαφνιασμένη) Ναι, εσύ; Εξακολουθούσα να κάνω την ημερήσια χρέωση όταν μπήκες εδώ! Τι να σου προσφέρω, ένα τσάι;

Ίνα: [με σκοπό και σταθερότητα] Πεθερά, έλα κάτσε πάλι γιατί συμβαίνει κάτι μεταξύ μας που πρέπει να συζητήσουμε. Η Λένι κάθισε πίσω διστακτικά αβέβαιη τι συμβαίνει ή γιατί η Ίνα είναι τόσο σοβαρή. Η Ίνα συνέχισε λέγοντας τη γνώμη της με αποφασιστικότητα: Φαίνεσαι πολύ σοβαρή σήμερα Ίνα! Ο τόνος της Ίνα ήταν ξεκάθαρος όταν μπήκε μέσα ενώ σηκώθηκε αργά, αφού τελικά κάθισε ξανά: Ναι; Τι συμβαίνει λοιπόν σήμερα Ίνα; Μα φαίνεσαι τόσο σοβαρός! Τι είναι λοιπόν τόσο σοβαρό στην Ινα; Και τι γίνεται λοιπόν με τη σοβαρή της έκφραση; Φαίνεται αρκετά σοβαρή στη Λένι καθώς σιγά-σιγά κάθεται και πάλι αβέβαιη, αβέβαια κάθεται και πάλι αργά: Ναι; Τι μιλάμε λοιπόν σήμερα Ίνα; Η Ίνα φαίνεται προφανώς τόσο έντονη. Η Λένι, αβέβαια κάθεται πίσω αργά: Ναι; Τι συμβαίνει λοιπόν εδώ σήμερα Ίνα; Η Λένι ξανακάθεται σιγά σιγά: Ναι; Τι συμβαίνει λοιπόν εδώ σήμερα Ίνα;

Η Λένι ξανακάθεται αργά: Α; Τι συμβαίνει λοιπόν σήμερα με την έκφρασή σου; Σε ένα

Ρούντολφ: Μητέρα, θέλαμε να μιλήσουμε μαζί σου εδώ και εβδομάδες, αλλά συνεχίσαμε να το αναβάλλουμε. Ίνα: Αλλά τώρα είναι πολύ αργά. δεν μπορούμε να περιμένουμε άλλο. Λένη: Ακούγεται δραματικό. Εχω κάνει κάτι λάθος; 4η Σκηνή.

Ντάνιελ: (επιστρέφοντας από το πίσω μέρος του μαγαζιού κατά τη διάρκεια της τελευταίας φράσης της Ίνα, κρατώντας ένα πακέτο τσιγάρα και κοιτάζοντας τριγύρω) Ω - οικογενειακή επανένωση;

Ίνα: Τι κάνεις εδώ; Νομίζω ότι πρέπει να είσαι στην προπόνηση ποδοσφαίρου.

Daniel: Ακυρώθηκε (προμηνύει το κακό). Το βλέμμα σου μου λέει ότι κάτι δεν πάει καλά εδώ... Φαίνεται ότι δεν είσαι εδώ για καφέ, Ρούντολφ. Daniel: Δεν είναι σωστό. σε καμία περίπτωση, όχι έτσι! Λένη: Με ποιον μιλάνε τώρα;

Rudolf: Πόσο καιρό το κουβαλάμε αυτό μαζί μας; Ντάνιελ: Μπαμπά. Λένη: Ουάου. Αυτό είναι λοιπόν. μου λες ότι πρέπει να κλείσω το κατάστημά μου και να μετακομίσω σε μια κοινότητα υποβοηθούμενης συνταξιοδότησης! - Λοιπόν τώρα αποκαλύφθηκε η αλήθεια.

Μόλις το κομμάτι ξεκινά με αυτόν τον τρόπο, η σύγκρουση είναι αναπόφευκτη μέσα σε λίγα λεπτά. Έχετε ήδη δώσει πολλές πληροφορίες για τον χαρακτήρα της Leni - χήρας. σχέσεις με τον εγγονό καλές; Θέλουν να διακόψουν τη λογιστική για να προσφέρουν κάτι στα παιδιά? Ο Ντάνιελ ξέρει τι σχεδιάζουν οι γονείς τους - ωστόσο φαίνεται να αποδοκιμάζει. Ο γιος και η νύφη φαίνονται σκληροί απέναντι στη Λένι. και στους δύο δεν αρέσει η παρουσία της - όλα μέσα σε τρεις σελίδες κειμένου!

Ωστόσο, θα μπορούσαμε επίσης να περιμένουμε μέχρι να εμφανιστούν πρώτα η Ina και ο Rudolf. Ίσως προτιμάτε καλύτερα αν ο Ντάνιελ έλεγε στη γιαγιά του τι σχεδίαζαν οι γονείς του, ή ίσως η κοπέλα του Λένι είδε ότι η Ίνα και ο Ρούντολφ σχεδίαζαν για τη Λένι και έτσι ήταν το πρώτο άτομο που μπήκε στη σκηνή - όλα είναι δυνατά εδώ - πάρτε αυτό σας αρέσει ή βρίσκετε το δικό σας μοναδικό σημείο εκκίνησης. το κομμάτι σου ανήκει σε σένα!

Ας προχωρήσουμε με την πρότασή μου - τι θα μπορούσε να συνεπάγεται στη συνέχεια το κομμάτι; Τώρα είναι η ευκαιρία σας! Πώς απαντά η Λένη και τι κάνει μετά; Ο Daniel θα μπορούσε να προσφέρει τη βοήθειά του για τη Leni σε αυτό το σημείο. για πόσο καιρό συνεχίζεται αυτή η συζήτηση; ποιος φεύγει και ποιος μπαίνει στην επόμενη σκηνή;

Τι θα γίνει η Λένη και το μαγαζί της; Αυτό πρέπει να είναι το θέμα που ενοποιεί ολόκληρη την κωμωδία σας - μέχρι το τέλος της. Αφήστε τη φαντασία σας ελεύθερη καθώς γράφετε κάθε πιθανό σενάριο - εδώ είναι μερικές χρήσιμες συμβουλές:

Αποφύγετε τη σύνταξη διαλόγων διάρκειας άνω των 10 λεπτών που αποτελούνται απλώς από έναν ατελείωτο διάλογο χωρίς υψηλά ή χαμηλά σημεία, καθώς αυτό γίνεται γρήγορα βαρετό για τους θεατές. Κάτι πρέπει πάντα να συμβαίνει. χτίστε ένταση. Συμπληρώστε μια πράξη της κωμωδίας σας με τουλάχιστον 8 σκηνές. περισσότερα μπορεί μερικές φορές να λειτουργούν καλύτερα. Μην επιχειρήσετε να κάνετε τους ανθρώπους στο κοινό να γελάσουν με χοντροκομμένες εκφράσεις σε διάλογο - η κωμωδία πρέπει να προέρχεται μόνο από διαλόγους, κείμενο και κωμωδία καταστάσεων, χωρίς να χρησιμοποιεί γουρουνοπούλες για να ενθαρρύνει τους θεατές να "χτυπήσουν προς τα πάνω".

Η αμφισβήτηση του τι συνιστά αληθινό χιούμορ μπορεί να σας κάνει να ρωτήσετε: τι ακριβώς διασκεδαστικό παρακολουθώ, το κοινό να γελάει; Ο πρώτος κανόνας της κωμωδίας είναι ο εξής: το κοινό γνωρίζει περισσότερα από κάθε ηθοποιό στη σκηνή για το τι συμβαίνει!!

Η δραματουργικά σωστή δουλειά πρέπει να ξεκινά με την κατανόηση της έντασης και της κωμωδίας στη δουλειά ταυτόχρονα. Ξέρεις τι εννοώ;

Φανταστείτε ότι όταν κάποιος κρύβεται σε ένα δωμάτιο αλλά τα άλλα άτομα που είναι παρόντα δεν τον/την προσέχουν. ενώ ένα μέλος του κοινού γνωρίζει. Όλα αυτά δημιουργούν και ένταση και κωμωδία ταυτόχρονα.

"Όσοι σκάβουν ένα λάκκο για τους άλλους θα πέσουν οι ίδιοι σε αυτό" Όποιος γνωρίζει αυτήν την έκφραση το ξέρει καλά - βάζοντας παγίδες σε άλλους για να τους τραβήξει σε έναν μπορεί να τους οδηγήσει μόνοι τους σε αυτόν - είτε αυτό έχει τη μορφή δηλητηριώδους ποτά, αλλαγμένα τρόφιμα, παγίδες αρουραίων ή επιστολές ή τηλεφωνικές συνομιλίες κ.λπ.

Με την πρώτη ματιά, αυτό φαίνεται ξεκαρδιστικό τόσο για τον θεατή όσο και για τον χαρακτήρα. Εν πάση περιπτώσει, αυτό το είδος σεναρίου συνήθως λειτουργεί καλά στις κωμωδίες: οι θεατές γελούν όταν ένας εντελώς διαφορετικός χαρακτήρας ή ακόμα και αυτός που στήνει την παγίδα τον πέφτει, προκαλώντας μεγάλη κωμική ειρωνεία. Οι λανθασμένες ταυτότητες τείνουν επίσης να ξεπερνούν καλά - τόσο τα αντικείμενα όσο και οι άνθρωποι μπορούν εύκολα να μπερδευτούν!
Να έχετε σπίτι, ραντεβού και διάφορες άλλες ανάγκες.

Οι παρεξηγήσεις στις συνομιλίες μπορεί επίσης να είναι ξεκαρδιστικές: όταν ο χαρακτήρας Α αναφέρει το πλοίο του Antje, ο χαρακτήρας Β μπορεί να υποθέσει ότι εννοεί τη σύζυγό του με το ίδιο όνομα - οι υπέροχες αστείες κωμωδίες αντίστροφου παράγοντα είναι πάντα ευπρόσδεκτες! Τάση - από το 2008:
Πώς συμβαίνει αυτό; Ένας άντρας ενεργεί σαν γυναίκα ή το αντίστροφο για άγνωστους λόγους. Ποιοι παράγοντες θα μπορούσαν να εξηγήσουν τέτοιες συμπεριφορές;
Για παράδειγμα: Τρόπος που ενεργείτε σαν ιερόδουλες; Άντρες που κάνουν στριπτίζ. Και οι γυναίκες μπορούν να γίνουν ακόμη και κτίστριες!
Ή μια γυναίκα ως Καγκελάριος (δυστυχώς υπάρχει ήδη). Αυτές είναι μόνο μερικές προτάσεις, πολλές από τις οποίες έχω ήδη συμπεριλάβει στα κομμάτια μου. είναι ακόμα περισσότερα! Το να κάνεις αυτά τα πράγματα έξυπνα και σωστά θα οδηγήσει μόνο σε αποτελέσματα που προκαλούν γέλιο σε κωμικά κομμάτια.
Δημιουργήστε κάτι ανύπαρκτο στην πραγματική ζωή.
Στη σκηνή, αυτό μπορεί να κάνει πολύ αστεία θέαση:
Ένας αντιπρόσωπος προσφέρει προϊόντα που κάποτε δεν ήταν διαθέσιμα - μόνιμα σκευάσματα κυμάτων που διαρκούν μήνες. προϊόντα ανάπτυξης μαλλιών με εξαιρετικά γρήγορα αποτελέσματα ανάπτυξης. εσώρουχα για άνδρες? σοκολάτες που αυξάνουν γρήγορα τη νοημοσύνη κ.λπ. - που προηγουμένως δεν ήταν διαθέσιμες για αγορά - ωστόσο δυστυχώς αυτές έχουν πολλές παρενέργειες και θα μπορούσαν γρήγορα να γίνουν καταστροφικές! Η παράστασή μου με τίτλο «Δεν το έχουμε - Δεν υπάρχει» επικεντρώθηκε ειδικά σε αυτό το θέμα.
Ή πάρτε την ιατρική καινοτομία. Ένας ερασιτέχνης χημικός δημιουργεί έναν ορό για την πλήρη εξάλειψη της μυρωδιάς του ιδρώτα, καθιστώντας αυτή την υπέροχη εφεύρεση ξεπερασμένη και την περιττή οσμή του ιδρώτα ξανά - αλλά χρειάζεται εθελοντές για να το δοκιμάσουν και οι εξαιρετικά συγκεντρωμένες ορμόνες του θα αλλάξουν τους ανθρώπους. («Ο τρελός καθηγητής»). Όλα αυτά τα θέματα μπορεί να φαίνονται γελοία, αλλά έχουν τεράστια επιρροή στην κοινωνία γενικότερα.
Οι αστείοι χαρακτήρες στις κωμωδίες είναι πάντα πολύ αποτελεσματικοί. Λέγοντας «αστείος χαρακτήρας», αυτό εννοώ.

Αυτές οι φιγούρες συχνά ξεχωρίζουν από τους συντρόφους τους με διάφορους τρόπους, είτε είναι ελαττώματα είτε όχι. Τα παραδείγματα θα μπορούσαν να περιλαμβάνουν πράγματα όπως γλωσσικά λάθη (δεν μιλούν γερμανικά ή μια διάλεκτο). αδέξια ή λιγότερο μορφωμένα άτομα. έγχρωμοι ηθοποιοί? αυτά ντυμένα διαφορετικά και άλλα πράγματα. Τέτοιοι χαρακτήρες προσθέτουν χαρακτήρα και συχνά γίνονται γρήγορα αγαπημένοι του κοινού. Επιπλέον, τέτοιοι «αστείοι χαρακτήρες» δεν χρειάζεται να παίζουν σημαντικούς ρόλους για να προσθέσουν χιούμορ. ακόμα και οι δευτερεύουσες πλοκές μπορούν να αποδειχθούν εξίσου διασκεδαστικές!

*Προσωπικά, δεν ευνοώ την ένταξη χαρακτήρων με προβλήματα ομιλίας στο έργο. Οι χαρακτήρες σας πρέπει να είναι όλοι μοναδικοί. αλλιώς από πού θα πηγάζουν το δράμα και οι συγκρούσεις;
Η γλώσσα και η έκφραση είναι ένα εξαιρετικά ευαίσθητο θέμα. Παρακολουθήστε οποιαδήποτε ταινία από τη δεκαετία του '70 με τον Theo Lingen ή τον Roy Black. δεν ήταν διασκεδαστικό; Αλλά, σοβαρά - είστε ενθουσιασμένοι με τις πλοκές και τους διαλόγους τους όπως όταν κυκλοφόρησαν για πρώτη φορά (αν είστε κάτω των 30 δεν θα τους γνωρίζετε ούτως ή άλλως, νοικιάστε τα από το βιντεοπωλείο σας και κρίνετε). Βρίσκω μόνο αστείες αυτές τις ταινίες σπάνια τώρα καθώς αυτό που προβάλλεται συχνά δεν είναι πολύ "αστείο". Ο χρόνος σίγουρα τα έχει αλλάξει όλα.
Σήμερα, όταν παρακολουθούμε μια βραδινή ταινία στην τηλεόραση, τείνουμε να βλέπουμε περισσότερο δέρμα εκτεθειμένο σε σύγκριση με ταινίες της δεκαετίας του 1970. Οχι μόνο αυτό; Οι σύγχρονες ταινίες πρέπει οπωσδήποτε να αντικατοπτρίζουν αυτή τη μετατόπιση καθώς πολλά από αυτά συμβαίνουν προφορικά - σκεφτείτε το "Sex and the city", το οποίο περιλαμβάνει τουλάχιστον 50 σεξουαλικές λέξεις που δεν αποτελούν μέρος του καθημερινού λεξιλογίου μου ούτε και του δικού σας!
Τι διακρίνει την ψυχαγωγία από τις τηλεοπτικές σειρές ή ταινίες όπως ταινίες τηλεοπτικού παιχνιδιού από θεατρικά έργα όσον αφορά τη χρήση της γλώσσας και την οπτική ελευθερία;

Κανείς δεν μπορεί να σου δώσει ακριβή απάντηση ούτε εδώ. το θέατρο στη σκηνή είναι πάντα ζωντανό! Η επόμενη ερώτησή σας μπορεί να είναι τι μπορεί και τι δεν μπορεί να προβληθεί ή να ειπωθεί στη σκηνή. Αναφέρομαι εδώ συγκεκριμένα σε αυτό που έχει γραφτεί ως σενάριο και πρέπει στη συνέχεια να αναπαραχθεί από τους ηθοποιούς στη σκηνή.
Λοιπόν, το θέατρο είναι ένα εκτεταμένο πεδίο. Οι ηθοποιοί εμφανίζονται εντελώς γυμνοί σε ορισμένα έργα - εκφράζοντας ό,τι μπορούν. Ειδικεύομαι κυρίως σε λαϊκές θεατρικές παραγωγές που διοργανώνονται από ερασιτεχνικές ομάδες.

Κανένας ερασιτέχνης ηθοποιός που ξέρω ότι δεν θα εμφανιζόταν σε μια ερασιτεχνική λαϊκή παράσταση ντυμένος μόνο με μαύρο εσώρουχο. και, ως μέλος του κοινού, ούτε αυτό θα ήταν κάτι που με ελκύει. Επιπλέον, φαίνεται παράξενο.

Η αγάπη και το σεξ είναι αιώνια θέματα στο λαϊκό θέατρο, γι' αυτό μου αρέσει να έχω στο μυαλό μου εικόνες για το τι μπορεί να συμβαίνει στη διπλανή πόρτα. Για παράδειγμα, μια άδεια σκηνή δίπλα στην οποία υπάρχει μια ανοιχτή πόρτα με ανδρικές φωνές και από τα δύο φύλα. Λίγο καιρό αργότερα, όταν κάποιος βγαίνει στη σκηνή φορώντας το σλιπ ελαφρώς ιδρωμένο αλλά ικανοποιημένο, ο καθένας μπορεί να δημιουργήσει τις δικές του εκδοχές για το τι συνέβη εκεί αντί να δει κάτι αληθινό να συμβαίνει και να εμφανίζεται ζωντανά στη σκηνή. Το βρίσκω πολύ πιο ελκυστικό.

Καθώς το συζήτησα κατά τη διάρκεια της συζήτησης, η σκέψη μου επ' αυτού ήταν παρόμοια. Ενώ οι ερασιτέχνες ηθοποιοί σήμερα μπορεί να χρησιμοποιούν λέξεις όπως «χτύπημα», «αλήτης» και «γάμα», δεν υπάρχει τίποτα εγγενώς λάθος με το να γράφεις το έργο σου με αυτόν τον τρόπο, αν φαίνεται απαραίτητο. Ωστόσο, οι περισσότεροι ηθοποιοί θα χρησιμοποιούσαν διαφορετική ορολογία όταν έπαιζαν για ένα κοινό.

Δεν χρησιμοποιώ καθόλου αυτές τις λέξεις στα κομμάτια μου! Αυτό το θέμα έχει ήδη δημιουργήσει έντονες συζητήσεις, με τους ανθρώπους να αμφισβητούν την υπερβολικά επίσημη προφορά μου στους διαλόγους των έργων μου. Αλλά εδώ είναι η εξήγησή μου:

"Παράπτωση κλπ." δεν είναι μέρος της καθημερινής μου γλώσσας. Ως κοινός σε ένα θέατρο που παρακολουθεί μια παράσταση κωμωδίας, θέλω να ασχοληθώ πλήρως με αυτό που συμβαίνει. Ζώντας μαζί με τους ηθοποιούς; Δημιουργώ επίσης εικόνες στο μυαλό μου για πράγματα που συμβαίνουν εκτός σκηνής όπως μου είπαν - όταν κάποιος θέλει να πάει για ψώνια ή να κάνει ντους. για παράδειγμα; αυτό συμβαίνει αμέσως στο μυαλό μου! Στην αρχή, μπορεί να ακούγεται περίεργο, αλλά ο προφορικός διάλογος έχει την ίδια επίδραση σε μένα. Όταν ένας ηθοποιός μου λέει ότι σκότωσαν μια γάτα ή κάποιος ανέφερε ότι λήστεψε μια τράπεζα, φαντάζομαι αυτές τις εικόνες. Η ανάγνωση μυθιστορημάτων δημιουργεί παρόμοια εφέ καθώς το μυαλό σας οπτικοποιεί χαρακτήρες, μέρη, αντικείμενα και γεγονότα από ένα μυθιστόρημα στη φαντασία σας.

Αν μια από τις ηθοποιούς στη σκηνή έλεγε: «Α, θα ήθελα να το κάνω ανενόχλητα με το αφεντικό μου στο τραπέζι της κουζίνας», θα είχα αμέσως μια εικόνα στο μυαλό μου και θα γελούσα δυνατά με τα λόγια τους. Ωστόσο, τι θα γινόταν αν αντ 'αυτού έλεγαν: "Ω, θέλω να πηδήσω το αφεντικό μου";

Ως θεατής, θα σοκαρίστηκα. Οι στιγμές σοκ μπορεί να έχουν ισχυρό αντίκτυπο σε πολλά κομμάτια. Ωστόσο, δεν θα εμφανιστούν ποτέ στα έργα μου καθώς οι θεατές προτιμούν να διασκεδάζουν και να δημιουργούν τις δικές τους εικόνες στο κεφάλι τους παρά να σοκάρονται από κάποιον στη σκηνή μέσω διαλόγου.

Αυτή είναι η άποψή μου για αυτό. Ωστόσο, εάν το δικό σας διαφέρει, δεν υπάρχουν νόμοι για να σας σταματήσουν.

Ερώτηση ορίου παιχνιδιού; Έχω γράψει κωμωδίες με γυναίκες που έλκονται βαθιά από άντρες που περιέχουν πολύ πικάντικο περιεχόμενο. Οι ηθοποιοί τους μπορούν να βγάλουν ρούχα ως μέρος του ρόλου τους. ακόμα κι εγώ μπορεί να γδυθώ στα εσώρουχά μου όταν χρειαστεί! Αλλά ίσως οι παρακάτω σκηνές θα μπορούσαν να διαδραματιστούν σε άλλο δωμάτιο κοντά;

Αν προχωρήσετε παραπέρα και χρησιμοποιήσετε εξαιρετικά χυδαία γλώσσα, το κοινό σας θα αισθάνεται σαν να παρακολουθεί μια αληθινή παράσταση θεάτρου.

Η κωμωδία σας πρέπει να πληροί ένα συγκεκριμένο πρότυπο και επίπεδο. Βρείτε ένα κατάλληλο επίπεδο ερωτισμού και αφήστε τον να ξεδιπλωθεί φυσικά - μην βομβαρδίζετε το κοινό σας με λεκτική κακοποίηση. αυτή η τακτική είναι περιττή και περιττή.

Στο τέλος κάθε πράξης, κάντε την τόσο συναρπαστική που το κοινό δεν μπορεί να περιμένει να δει πώς θα εξελιχθεί η κωμωδία σας στη συνέχεια. Στο τέλος κάθε πράξης, βεβαιωθείτε ότι η πλοκή φτάνει σε νέα κορύφωση.

Όταν γράφετε, λαμβάνετε πάντα υπόψη τον αναγνώστη σας όταν εξετάζετε πληροφορίες που χρειάζονται οι χαρακτήρες στη σκηνή. Και μην παραβλέπετε τις οδηγίες του παιχνιδιού στον διάλογο - οι οποίοι θα πρέπει να εμφανίζονται μεταξύ των παρενθέσεων. αυτές οι οδηγίες θα είναι ανεκτίμητες για τους ηθοποιούς!

Γκέρντα:

Σωστός! Πού ήταν ο Manni; Θα έπρεπε να έχει τελειώσει το άρμεγμα μέχρι τώρα - είναι σχεδόν 8 το βράδυ (πάει στην κερκόπορτα και φωνάζει το όνομά του:) Μάννη!!! (επιστρέφει, αλείφει ψωμί και βούτυρο στο πιάτο, το γεμίζει με τυρί κ.λπ.)

Αρνό: (διαβάζει το περιοδικό με ενδιαφέρον) Και αυτό σημαίνει ότι δεν θα χρειάζεται να κάνουμε πια το καθάρισμα μόνοι μας;

Heinrich: Ω, όχι! Όλα μοιάζουν να έχουν εξαφανιστεί μέσα στο κανάλι.

Arno: Ρίξτε μια ματιά στο πόσο χώρο καταλαμβάνουν οι αγελάδες.

Heinrich: Ναι! Θα αισθάνονται άνετα εκεί και θα παράγουν καλύτερο γάλα ως αποτέλεσμα. Gerda: Γιατί περισσότερος χώρος θα οδηγούσε στην παραγωγή γάλακτος υψηλότερης ποιότητας;

Χάινριχ: Γκέρντα, πόσο συχνά έχεις παραπονεθεί για ενόχληση όταν φοράς την παλιά σου ζώνη;

Gerda: Γεια σου όμορφη!!!

Άρνο: (γέλια) Για ευκολία κατανόησης, έχω γράψει τις οδηγίες παιξίματός μου εδώ με πλάγιους χαρακτήρες για να διευκολύνω την εκμάθηση του ηθοποιού στη σκηνή από εσάς - τον συγγραφέα. Πρέπει να μάθουν όχι μόνο ποιες θα είναι οι γραμμές τους αλλά και χειρονομιακές απαιτήσεις, όπως πότε πρέπει να φύγουν ή να μπουν κ.λπ. Μην παραλείπετε τελείως τις οδηγίες αναπαραγωγής, αλλά να είστε προσεκτικοί και να μην υπερβάλλετε στην εκτέλεσή σας!

Επιστροφή στην αρχική μου ιδέα: την κωμωδία με τη Λένη, το μαγαζί της και τα παιδιά της που θέλουν να τους απελάσουν σε οίκο ευγηρίας. Εάν αυτή η ιδέα σας αρέσει και θα θέλατε να γράψετε γι' αυτήν, αφήστε τη φαντασία σας ελεύθερη για το τι θα μπορούσε να συμβεί!
Μη διστάσετε να μου στείλετε τις πρώτες σας συγγραφικές προσπάθειες. Θα αναθεωρήσω και θα απαντήσω με ειλικρίνεια. Στον ιστότοπό μου www.Theater-Schmidt.de θα βρείτε τα στοιχεία επικοινωνίας μου στην ενότητα Νομική ειδοποίηση.

Αφού παρακολούθησαν πολλά κλασικά έργα (ιδιαίτερα εκείνα των γυναικών συγγραφέων), οι θεατές γνωρίζουν ήδη από την πρώτη τους σύγκρουση μεταξύ μιας νεαρής γυναίκας και ενός άνδρα ότι "στο τέλος θα τα καταφέρουν!" Γιατί το κάνουν αυτό οι συγγραφείς; Επειδή στο κοινό αρέσει να βλέπουν ένα "happily ever after" που τελειώνει στο τέλος ή επειδή ο συγγραφέας θέλει να δημιουργήσει ένα; Το έχω κάνει μόνος μου σε πολλά κομμάτια γιατί ξέρω από προηγούμενα κομμάτια τι ακολουθεί - αν και όχι σε όλα τα πρόσφατα κομμάτια μου!
Η γραφή μου έχει αποστασιοποιηθεί κάπως από αυτό. δεν πρέπει να τελειώνουν όλα καλά - κάτι που μπορεί ακόμη και να μην είναι ρεαλιστικό - οπότε μην σκεφτείτε αρχικά ότι δύο νεαροί χαρακτήρες που αρχικά αντιπαθούν ο ένας τον άλλον, αλλά συναντιούνται στο τέλος ενός έργου, μπορούν να καταλήξουν μαζί πέφτοντας ο ένας στην αγκαλιά του άλλου. συμπέρασμα. Αν και αυτό θα μπορούσε να συμβεί, απλώς γράψτε την ιστορία σας. «Ειρήνη, χαρά και τηγανίτες» δεν υπάρχουν πάντα στην πραγματική ζωή!

Για να μην παρεξηγηθώ? Οι θεατές θα ήθελαν ιδανικά να απομακρυνθούν με τις περισσότερες από τις ασυνέπειες του έργου να έχουν επιλυθεί ή τουλάχιστον να έχουν μια ιδέα για το τι μπορεί να εξελιχθεί μετά την ολοκλήρωσή του, ενώ τυχόν συγκρούσεις θα πρέπει να διευκρινιστούν. ακόμα κι αν αυτό σημαίνει να επιτευχθεί συμφωνία με όλους τους εμπλεκόμενους. αλλά βρείτε μια ικανοποιητική ανάλυση που αφήνει ένα κοινό ικανοποιημένο. Θυμάστε την κωμωδία μου "Praxis Dr. Freeseman;"
Ο Harald Freesemann έχει περάσει χρόνια γράφοντας βιβλία που, λόγω έλλειψης εκδοτικού ενδιαφέροντος, παραμένουν αδημοσίευτα. Έτσι, η σύζυγός του Λένα πρέπει να τα βγάλει πέρα ως καθαρίστρια μέχρι μια μέρα να μετακομίσει μια νέα ένοικος στο πάτωμα από πάνω τους και να ζητήσει τις υπηρεσίες της και ως καθαρίστρια. Η Gisela αναφέρει ότι η Gisela βρήκε ένα άτομο που αναφέρεται ως "υδραυλικός εγκεφάλου". Συμπτωματικά, το επώνυμό του είναι Freesemann - κάτι που η Lena και ο Harald βρίσκουν ανησυχητικό, καθώς τώρα αναμένουν αναστάτωση από τους ασθενείς του. Ο Δρ Horst Freesemann κανονικά επέμενε να περάσουν από τον πρώτο όροφο αν ήθελαν θεραπεία από αυτόν, αλλά ο Harald είχε ήδη μπει από μια από τις πόρτες και αυτή τη στιγμή βρίσκεται μέσα στο δωμάτιο του Harald. Ο Χάραλντ αναγνωρίζει την ευκαιρία του και αρχίζει να περιθάλπει αυτόν τον άντρα που θέλει απεγνωσμένα θεραπεία και βάζει με ανυπομονησία μερικές εκατοντάδες ευρώ στο τραπέζι για αυτήν. Αλλά τότε εμφανίζεται ξαφνικά ένας πραγματικός ψυχίατρος που θέλει ο Χάραλντ να τους θεραπεύσει και τους δύο γιατί και οι δύο πάσχουν από ενδογενή ψύχωση...

Αυτό το κομμάτι μπορεί να καταλήξει σε χάος, αλλά οι θεατές δεν θα φύγουν δυσαρεστημένοι: ο πρωταγωνιστής του είχε επιλύσει τις οικονομικές του ανησυχίες γράφοντας ένα χειρόγραφο για όσα συνέβησαν στη σκηνή μαζί του.
Ο Χάραλντ εμπνεύστηκε τη σύζυγό του για να γράψει αυτό το θεατρικό έργο και το εκδίδει. Ένας γείτονας ανακάλυψε ότι ο Χάραλντ θεράπευε ασθενείς παρόλο που δεν είχε άδεια γιατρό. η οργή τους φίμωσε από ένα ταξίδι. Δυστυχώς, κανένας από τους ψυχικά ασθενείς χαρακτήρες σε αυτό το έργο δεν θεραπεύεται ποτέ - το αντίθετο. όλα τα "κανονικά" τελικά τρελαίνονται και αυτά!

Από δραματουργική άποψη, όλα λειτουργούν καλά: η κύρια σύγκρουση έχει επιλυθεί ενώ μπορεί να προκύψουν νέες. Ως εκ τούτου, το κομμάτι μπορεί να τελειώσει με μια αισιόδοξη νότα, αφήνοντας τόσο τον θεατή όσο και τους χαρακτήρες ικανοποιημένους αλλά προβληματισμένους για το τι θα ακολουθήσει.
Όλοι αναγνωρίζουμε αυτή την εμπειρία από ταινίες ή τηλεόραση. Πόσο συχνά έχουμε παρακολουθήσει μια συναρπαστική ταινία μόνο για να τελειώσει απότομα...;
Οι παραγωγοί και οι σεναριογράφοι χρησιμοποιούν συχνά αυτήν την προσέγγιση όταν αφηγούνται μια ιστορία. σκιαγραφούν την ιστορία του, προσπαθούν να αντιμετωπίσουν το βασικό του πρόβλημα ενώ μόνο έμμεσα το ολοκληρώνουν. Αν και παρόμοιες στρατηγικές δεν ισχύουν στις παραστάσεις του θεάτρου, οι παραγωγοί και οι σεναριογράφοι χρησιμοποιούν παρόμοιες στρατηγικές όταν αφηγούνται την ιστορία τους. Αλλά αν προτιμάτε να δίνετε στο παιχνίδι σας ένα αίσιο τέλος, αυτό είναι απολύτως αποδεκτό - ήθελα απλώς να σας ενημερώσω για το γεγονός ότι δεν υπάρχουν σκληροί και γρήγοροι κανόνες!

Οι εκδότες και οι ομάδες απαιτούν από εσάς να παρουσιάσετε τα περιεχόμενα του κομματιού σας στις πρώτες σελίδες του χειρογράφου σας, είτε πριν ξεκινήσει η συγγραφή είτε στα μέσα ή μετά την ολοκλήρωση μιας πράξης. Οι εκδότες συνήθως δεν αλλάζουν αυτό το στοιχείο της παρουσίασης ενός έργου - οι θεατρικές ομάδες χρησιμοποιούν συχνά αυτήν την περιγραφή του έργου τους για διαφημίσεις σε φυλλάδια, φυλλάδια προγραμμάτων και τύπο. Κάντε το περιεχόμενό σας ελκυστικό αλλά όχι περισσότερο από μία σελίδα DIN A5! Θα θέλατε μερικά παραδείγματα για το πώς μπορεί να μοιάζει; - εδώ είναι κάποια βοήθεια:

Η Alida Neumann δεν βρίσκει πλέον κανένα νόημα στον γάμο της με τον Ingo και θέλει να τον τερματίσει παίρνοντας υπνωτικά χάπια. Λόγω των λανθασμένων μετοχών του Ingo και της πολύ μεγάλης αγοράς κατοικίας, τα οικονομικά τους προβλήματα έχουν ξεφύγει από κάθε έλεγχο και πλέον χρωστούν πάνω από 300.000 ευρώ μαζί. Η Αλίντα υποπτεύεται ότι ο Ίνγκο έχει σχέση καθώς πρόσφατα έχει λάβει πολλά γράμματα και τηλεφωνήματα από γυναίκες. Για να προστατευτεί οικονομικά από πιθανές αγωγές που προκύπτουν από αυτές τις σχέσεις, ο Ίνγκο ζήτησε από την Alida να λάβει τέσσερα ασφαλιστήρια συμβόλαια ζωής αξίας 150.000 ευρώ το καθένα από τους ασφαλιστές ζωής της. Η Alida πιστεύει ότι πρέπει να δολοφονηθεί από τον Ingo και έτσι καταφεύγει στην αυτοκτονία καθώς το σχέδιό της καταρρέει. αλλά ο Ingo έρχεται με κάτι πολύ διαφορετικό - διαφήμιση σε διάφορες εφημερίδες για φωτογραφικά μοντέλα που θα μπορούσαν να επισκεφτούν τον χώρο του και να τα προσκαλέσουν αυτοπροσώπως. Η Alida και ο Ingo ελπίζουν να πάνε στο εξωτερικό αφού δημιουργήσουν μια εικόνα της Alida όσο πιο κοντά γίνεται - τουλάχιστον όσον αφορά το ύψος και το βάρος. Ο Ίνγκο σχεδιάζει να ναρκώσει την Αλίντα πριν την οδηγήσει σε έναν απότομο λόφο μαζί της στο αυτοκίνητο της συζύγου του για να διεκδικήσει ασφαλιστήρια συμβόλαια ζωής σε περίπτωση ατυχήματος. αργότερα σχεδιάζουν να εισπράξουν μαζί χρήματα από την ασφάλεια μέσω πλαστών ατυχημάτων. - Ο Ίνγκο βρήκε το τέλειο θύμα του στην Γκάμπι Κοχ. Ωστόσο, ο Ingo ερωτεύεται γρήγορα την Gabi και αλλάζει το σχέδιό τους θέλοντας να βάλει την Alida στο αυτοκίνητό τους. Λίγο πριν τον προγραμματισμένο φόνο της, η Γκάμπι ανακαλύπτει μέσω της Αλίντα ότι ο Ίνγκο σκόπευε να τη δολοφονήσουν και σοκάρεται με αυτή την είδηση. Αμέσως μετά, η Alida και η Gabi απολαμβάνουν ο ένας τον άλλον όσο ανακαλύπτουν την αγάπη ο ένας για τον άλλον προτού καταστρώσουν ένα σχέδιο για την εξάλειψη του Ingo με δηλητηριασμένη κόλα που κατά λάθος μέθυσε από τον Sven (φίλος του Ingo) αντί να σκοτώσει την ίδια την Ingo... Με την Else Krautwurst να εμφανίζεται ... Το σώμα πρέπει να βρει γρήγορα κάπου να θαφτεί.

Καθώς διαβάζετε ένα κομμάτι, μην αποκαλύπτετε το τέλος του μέχρι να διαβαστεί δυνατά η τελευταία πρόταση. Αυτό θα δημιουργήσει ενδιαφέρον μεταξύ των διευθυντών παιχνιδιών, καθιστώντας το κομμάτι πιο πιθανό να εκτυπωθεί χωρίς οι αναγνώστες να έχουν δει το τέλος του πριν το εκτυπώσουν οι ίδιοι. Σκεφτείτε επίσης αυτή την πρόταση:
Η Anna Thalmann είναι μητέρα μιας 18χρονης κόρης και ζει με έναν σύζυγο που εργάζεται μακριά κατά τη διάρκεια της εβδομάδας και κερδίζει «καλούς μισθούς», συν δύο «καλύτερες φίλες» με τους οποίους περνάει χρόνο μια ή δύο ημέρες κάθε εβδομάδα. Μοιράζεται ώρες κουτσομπολιά, καθώς και εκμυστηρεύτηκε τα πιο οικεία της θέματα σε ένα πουλί που του εμπιστεύονται να τα παρακολουθεί και τα δύο. Το ενοικιαζόμενο διαμέρισμά της είναι μεγάλο και καλά επιπλωμένο, ενώ η ίδια δεν έχει βιώσει ποτέ σοβαρή ασθένεια. όλες οι ενδείξεις δείχνουν ότι είναι μια εξαιρετική γυναίκα. Οι καθημερινοί της αγώνες την έχουν κάνει να νιώθει άχρηστη και να έχει εγκαταλειφθεί από την οικογένειά της στο ρόλο της φροντισμένης μητέρας και συζύγου. Ο Έρβιν έχει μια ανθυγιεινή στάση απέναντι στη γυναίκα του. όταν στο σπίτι τα Σαββατοκύριακα προτιμά να παρακολουθεί αγώνες ποδοσφαίρου ή να παρακολουθεί τον αγώνα του skat παρά να περνά χρόνο μαζί της. Η Άννα έχει αρχίσει να εσωτερικεύει την απογοήτευσή της με το να επιδίδεται σε υπερβολικό φαγητό - κάτι που είχε ως αποτέλεσμα να είναι 20 κιλά υπέρβαρα. Αλλά τώρα, η Άννα θέλει να αλλάξει κάτι! Παραγγέλνει εξοπλισμό γυμναστικής από ένα τηλεοπτικό κατάστημα, παρακολουθεί ομαδικές συνεδρίες γυμναστικής και λαμβάνει συμβουλές για το μακιγιάζ από τη Sonja - όλα αυτά ελπίζοντας να αναζωπυρώσει τη φλόγα στον γάμο της με ευκολία και ταχύτητα. Ωστόσο, το σχέδιό τους παραμένει πολύπλοκο και περίπλοκο. Μια μέρα που το πλυντήριο της Άννας χαλάει, ο Μουσταφά Υλντίζ φτάνει να το επισκευάσει - και αμέσως μαγεύεται από την Άννα. Την προσκαλεί για μια αξέχαστη «τουρκική» βραδιά! Η Άννα θα υποκύψει στη γοητεία του ή θα αναλάβει η ίδια τον έλεγχο της ζωής της;

Και εδώ, επίσης, αποκαλύπτουμε περιεχόμενο και συγκρούσεις χωρίς να γνωρίζουμε την επίλυσή του. Ομοίως, τα κομμάτια σας θα πρέπει να ακολουθούν το παράδειγμά τους.
Καθώς κάθε έργο απαιτεί έναν τίτλο, η ονομασία κάποιου μπορεί μερικές φορές να είναι δύσκολη. Ένας ιδανικός τίτλος θα πρέπει να αποκαλύπτει κάτι για την παράσταση, ενώ ταυτόχρονα να σαγηνεύει τα μέλη του κοινού όταν διαβάζουν αφίσες και φυλλάδια προγραμμάτων. Οι τίτλοι μπορεί να αποτελούνται από μία μόνο λέξη, να είναι ερώτηση ή να περιέχουν ολόκληρες προτάσεις. Γενικά δεν συμβουλεύω τους μεγάλους τίτλους όμως και προτιμώ πιο ασαφείς εκδόσεις όπως οι παρακάτω ως παραδείγματα:
Η Rita και ο Ulfert Brauer, οι οποίοι είναι εξαιρετικά εύποροι άνθρωποι, μετακόμισαν πρόσφατα από την πόλη στην ύπαιθρο με τον γιο τους Heiner. Οι γείτονές σου.
Το ζευγάρι Diekmann Heiko (εργάτης) και Gesine (νοικοκυρά) ζουν μια «απλή» ύπαρξη παρά το γεγονός ότι ζουν σε κακές συνθήκες. αν και πρέπει να κάνουν θυσίες εδώ κι εκεί

για να επιβιώσουν. παραμένετε όμως υγιείς και ικανοποιημένοι με τη ζωή. Η Ρίτα (αισθητικός) και ο Ούλφερτ (αρχισυντάκτης) κάνουν καθημερινά αισθητή την παρουσία τους στους γείτονές τους ως απόδειξη ότι είναι ανώτεροι. Ακολουθεί καυγάς μεταξύ οικογενειών όταν η Μάριον Ντίκμαν επιστρέφει σπίτι από την Αλαμπάμα. Ως au pair στη Γερμανία για ένα χρόνο, σόκαρε τους πάντες όταν επέστρεφε -αρχικά προς θλίψη όλων- παρουσιάζοντας τον Τζόνι, έναν Αφρικανό φοιτητή ιατρικής! Αυτό αποδείχτηκε πάρα πολύ για το ζευγάρι Brauer. Και οι δύο οικογένειες προσπαθούν τώρα να δυσκολέψουν τη ζωή η μία για την άλλη μέσα από δυσάρεστες ίντριγκες και επιθέσεις, που οδηγούν σε δικαστικούς συμβιβασμούς. τελικά εγκαταστάθηκε ένας ψηλός φράκτης μεταξύ των ιδιοκτησιών τους για να τους χωρίσει περαιτέρω. Όταν ο Gesine επιτίθεται ξανά στον Ulfert, ο Ulfert παθαίνει καρδιακή προσβολή, ωστόσο ο Jonny μόνος του μπορεί να σώσει τη ζωή του...

Από άποψη περιεχομένου, η πλοκή της ιστορίας είναι αρκετά σαφής. Στην καρδιά του βρίσκονται δύο πολύ διαφορετικές οικογένειες και βλέπουμε τις διαφορές τους τόσο σε χαρακτήρα όσο και σε οικονομικό επίπεδο. Αυτό ακριβώς προσπάθησα να απεικονίσω στον τίτλο μου - οπότε εδώ θα τα βρείτε όλα.
Οι θεατές δύο πολύ έντονες αντιθέσεις επισημαίνονται εδώ από τον τίτλο μου. που μπορεί να μεταφραστεί χονδρικά ως: «Mettwurst Brcad and Caviar». Κανένας ηθοποιός δεν θα φάει κανένα από τα δύο είδη απευθείας. αυτή η διάκριση μεταξύ τους υπάρχει μόνο μέσω των τίτλων τους.
Ο Menno και η Mathilde Gruben επιστρέφουν από διακοπές 4 εβδομάδων στην Αίγυπτο με τα δύο παιδιά τους Henning και Anette να περιμένουν με ανυπομονησία τους εορτασμούς του Πάσχα. αλλά αντιθέτως διαπιστώνουν ότι κατά την επιστροφή τους έχει φτάσει στο γραμματοκιβώτιό τους ένα σωρό υπενθυμίσεις από εταιρείες κοινής ωφέλειας και η κλήση στην τράπεζα επιβεβαιώνει ότι ο λογαριασμός έχει υπερανάληψη κατά 30.000 ευρώ. Μια λανθασμένη κράτηση μπορεί να συνέβαλε σε αυτό το σφάλμα, επομένως οι τραπεζικοί υπάλληλοι είναι πρόθυμοι να το επιλύσουν μόλις επιστρέφουν από τις διακοπές.

Σε αυτό το έργο, μια οικογένεια καλείται να ζήσει αυτάρκεια για μια εβδομάδα χωρίς καν να το έχει σκοπό. Ποιος θα μπορούσε να είναι ο τίτλος αυτού του κομματιού;
«Ο Ροβινσώνας Κρούσος στέλνει τους χαιρετισμούς του». Αυτό ταιριάζει, έτσι δεν είναι;!
Και ένα τελευταίο παράδειγμα:
Περιεχόμενα: Ο Nico και η Silvia Schroder γιορτάζουν την πρώτη επέτειο του γάμου τους. Ο Νίκο χαίρεται που η γυναίκα του δεν τον άφησε, παρόλο που είναι άνεργος έναν ολόκληρο χρόνο και η Σίλβια πρέπει να κερδίσει υποστήριξη και για τους δύο. Ο Νίκο διαβάζει μια ελκυστική πρόταση εργασίας από μια εταιρεία καφέ στην καθημερινή του

εφημερίδα και γρήγορα κάνει αίτηση τηλεφωνικά και γίνεται γρήγορα αποδεκτός για δουλειά. Αλλά αντί να λάβουν υποσχεμένα δείγματα καφέ, αντ' αυτού ερωτικά περιοδικά φτάνουν απροσδόκητα στο σπίτι του λίγες μέρες αργότερα, αφήνοντας τον Νίκο μπερδεμένο πώς να εξηγήσει αυτή την ασυμφωνία. Η Σίλβια είναι έξαλλη με τον Νίκο. πιστεύει ότι χρειάζεται αντικατάσταση λόγω της εγκυμοσύνης της. Τα πράγματα μόνο χειροτερεύουν καθώς μετακομίζει και η πεθερά του, έχοντας σοβαρά προβλήματα μαζί του. Ο Νίκο πιστεύει ότι όλα έχουν επιλυθεί μέχρι να εμφανιστεί η ERO. τότε όλα γίνονται ξανά ασαφή.

Αυτός ο τίτλος συνδυάζει τα αρχικά γράμματα δύο εταιρειών που συμμετέχουν σε αυτό το κομμάτι - μια αποκλειστική ρομαντική όαση και καφές Timann - σε μια λέξη για να σχηματίσει το "ERO-TI-KA". Δεδομένου ότι το σεξ βρίσκεται στον πυρήνα αυτής της κωμωδίας, αυτός ο τίτλος είναι απολύτως λογικός.
Ο Ingo Sax έχει γράψει ένα εξαιρετικά έξυπνο θεατρικό για μια νεαρή γυναίκα που πάσχει από αλαλία - την αδυναμία επικοινωνίας ή επαφής. Ονομάζεται "Amanita", η κύρια ηθοποιός της Celia έχει γίνει διάσημη λόγω αυτού του ρόλου σε αυτήν την παραγωγή τεσσάρων ατόμων από τον Ingo Sax - οπότε ρίξτε μια ματιά και σύντομα θα καταλάβετε γιατί ο συγγραφέας επέλεξε αυτό το όνομα! Ευχαριστούμε τον Ingo Sax για το απίστευτο κατόρθωμα του!

Μην σκέφτεστε υπερβολικά να αποφασίσετε για έναν τίτλο. "The Inn of the Golden Anchor", "Jubilaum", "The Star of Padua" και "The Smuggling Brothers", μεταξύ πολλών άλλων δημοφιλών και συχνά βραβευμένων θεατρικών έργων έχουν τίτλους που απλώς αναφέρονται στο πού έλαβε χώρα ένα γεγονός ή περιγράφουν τι το έκανε - αυτό είναι απολύτως αποδεκτό!
Όμως κάποια σκηνικά έργα έχουν και βαρετούς τίτλους. Ένα κομμάτι που ξέρω ότι απλά ονομάζεται «Θέατρο» αφήνει ελάχιστο χώρο για φαντασία ή δημιουργικότητα όταν εξετάζουμε τη δραματουργία ή το περιεχόμενό του.
Μόλις ολοκληρωθεί η εργασία σας ή κατά τη σύνταξη της, ο προσδιορισμός του ονόματός της μπορεί να είναι φυσικός. αλλά θα ήθελα να ολοκληρώσω τη συζήτηση σχετικά με την επιλογή τίτλου περιγράφοντας ορισμένες επιλογές που έχουμε στη διάθεσή μας όταν εξετάζουμε μία για το παιχνίδι σας.
Φανταστείτε το εξής: Μερικές φορές, όταν μιλάω με φίλους, βγαίνουν τυχαίες λέξεις ή προτάσεις που θα έκαναν υπέροχους τίτλους για ποιήματα ή μυθιστορήματα.

Σκεφτείτε αυτό. Όταν διαβάζουμε ή ακούμε τίτλους σαν αυτούς, κάτι εντελώς νέο προκύπτει. Δεν ξεκινάμε πλέον διατυπώνοντας μια ιδέα και μια πλοκή πριν αναθέσουμε έναν τίτλο αργότερα (ο τρόπος με τον οποίο προχωρούν τα περισσότερα παιχνίδια).

μάλλον τώρα ξεκινάμε από το να έχουμε τον ίδιο τον τίτλο - στη συνέχεια δημιουργήστε την ιστορία μας γύρω από αυτήν την ιδέα από εκεί! Όταν βλέπω αυτούς τους τίτλους, σκέφτομαι αμέσως 100 πράγματα που θα μπορούσαν ενδεχομένως να καλύψουν - δεν μπορείτε και εσείς;

Μη διστάσετε να δοκιμάσετε και αυτήν την παραλλαγή, απλώς αποφύγετε τη χρήση τίτλων που έχω γράψει εδώ, καθώς σκοπεύω να τους ενσωματώσω στα γραπτά μου τους επόμενους μήνες.

Όταν γράφετε, πρέπει να λάβετε υπόψη όλα τα πιθανά αποτελέσματα των συγγραφικών προσπαθειών τους. Ένας μυθιστοριογράφος γράφει το βιβλίο του για τους αναγνώστες που μπορούν να το αγοράσουν στα βιβλιοπωλεία - εκδότες και τυπογράφοι συμμετέχουν επίσης εδώ. για έργα και έργα που πρόκειται να παιχτούν, οι θεατρικές ομάδες πιθανότατα θα τα έπαιζαν και το χειρόγραφό τους δεν θα αγοραζόταν ποτέ πουθενά, ούτε θα διαβαζόταν πολύ εύκολα με κάθε τρόπο - όλοι αυτοί οι παράγοντες πρέπει να λαμβάνονται υπόψη καθώς γράφει κανείς το έργο ή το μυθιστόρημά του.

Μόλις ολοκληρωθεί το έργο σας και αισθάνεστε περήφανοι που το παρουσιάζετε για δημοσίευση, υποβάλετέ το σε έναν ή περισσότερους εκδότες για εξέταση. Προτείνω να ξεκινήσετε επιλέγοντας μόνο ένα που φαίνεται κατάλληλο. παρόλο που οι κριτικές μπορεί να διαρκέσουν κάποιο χρόνο, συνήθως περιλαμβάνουν προτάσεις για αναθεώρηση ορισμένων τμημάτων του έργου σας ή κριτική ορισμένων σκηνών από αυτό από τους συντάκτες. τελικά οι εκδότες στέλνουν πίσω χειρόγραφα μόλις γίνουν διαθέσιμα.

Το αίτημά σας δεν έλαβε υπόψη μας - σας ευχαριστώ πολύ". Δυστυχώς, τέτοιες επιστολές απόρριψης δεν παρέχουν λεπτομέρειες σχετικά με το γιατί κάτι τέτοιο δεν αποτελεί πλέον επιλογή για αυτούς. Μην χάσετε αμέσως την ελπίδα σας εάν συμβεί αυτό. Η αποκήρυξη από τους εκδότες του θεάτρου δεν υποδηλώνει ότι η δουλειά σας είναι τρομερή Ο πλήρης αντίκτυπός του προτού αναθεωρηθεί διεξοδικά προτού το προσφέρω ξανά σε άλλους εκδότες θεάτρου, αλλά θέλω επίσης να είμαι εντελώς εκ των προτέρων: εάν το έργο σας απορριφθεί χωρίς καμία εξήγηση ή σχόλιο από έναν εκδότη, αυτό πρέπει να σημαίνει ότι ήταν πολύ κακό - επειδή κάθε συντάκτης. καταβάλλει μεγάλη προσπάθεια για να εξηγήσει τι δεν τους αρέσει όταν γενικά φαίνεται καλό η κριτική από τους εκδότες κάνει την αναθεώρηση και την επεξεργασία πολύ πιο απλή, οπότε αν λένε ότι δεν χρειάζεται, απλώς αποδεχτείτε την απάντησή τους και προχωρήστε με αυτό που γράψατε. Εάν κάποιος πει ότι δεν χρειάζεται αναθεώρηση, μην ρωτήσετε γιατί. ο εκδότης ξέρει καλύτερα. Εάν αυτό συμβαίνει με πολλούς εκδότες, θα πρέπει τελικά να συμβιβαστείτε με το γεγονός ότι αυτό που έχετε γράψει μπορεί να μην είναι ιδιαίτερα υψηλής ποιότητας. Ίσως το γράψιμο απλώς να μην είναι το φόρτε σου ή απλά να μην σου ταιριάζει ως μορφή τέχνης. Σε κάποιο σημείο της συγγραφικής σας διαδρομής, είναι σημαντικό να είστε ειλικρινείς με τον εαυτό σας και να αναγνωρίζετε αυτό το γεγονός. Ενώ θα μπορούσαμε να κάνουμε εικασίες για άλλα ανεξερεύνητα ταλέντα που βρίσκονται εκτός της ίδιας της γραφής, το θέμα εδώ δεν είναι αυτό - μάλλον, ότι πιστεύετε ότι μπορείτε και θέλετε να το δοκιμάσετε!

Ανεξάρτητα από το αν είναι κωμωδία, δράμα, φάρσα, αστυνομικό μυθιστόρημα, θεατρικό έργο πολλών πράξεων ή απλώς σύντομο σκετς - το γράψιμο στα τυπικά γερμανικά ή μια διάλεκτο εξαρτάται αποκλειστικά από εσάς - το γεγονός παραμένει: το έργο σας πρέπει πρώτα να πείσει έναν συντάκτη. επιλεγμένος εκδότης ότι η δουλειά σας είναι συνεπής χωρίς σφάλματα και έχει μια "συναρπαστική" πλοκή. δεν χάνει το νήμα του και μπορεί να παίξει και είναι κατάλληλο για αυτούς καθώς και παρέχει στάδια όπου χρειάζεται.

Το έργο σας πρέπει να απευθύνεται σε αυτούς που θα το παίξουν. Διαφορετικά, κανένας εκδότης δεν θα το υπέγραφε και θα κάθεται να μαζεύει σκόνη για χρόνια χωρίς ενδιαφέρον από τη σκηνή - και αυτό είναι το τελευταίο πράγμα που θέλετε!

Ας υποθέσουμε ότι λαμβάνετε αλληλογραφία από τον εκδότη σας και διαπιστώνετε ότι ο συντάκτης του έχει εξετάσει το κομμάτι σας και έδωσε σχόλια σχετικά με τις απαραίτητες αλλαγές. Ίσως όμως ανέφεραν επίσης τι πρέπει να αλλάξει ώστε να ταιριάζει στο πρόγραμμά τους ακριβώς όπως το στείλατε εσείς.

Πώς θα απαντούσατε; - Μπορώ να το φανταστώ: η ανάγνωση των γραμμών και η κριτική από έναν συντάκτη που δεν γνωρίζετε καλά μπορεί συχνά να είναι πολύ άμεση, προκαλώντας σοκ, προσβολή και θυμό. «Το κομμάτι είναι υπέροχο - τι σκεφτόταν;»... Όλες αυτές οι προτάσεις θα μπορούσαν να γίνουν θέματα για εσάς καθώς το να βρείτε έναν εκδότη για ένα πρώτο μυθιστόρημα είναι συχνά πρόκληση.

Σταμάτα να σκέφτεσαι έτσι και να προσβάλλεσαι. Ένας συντάκτης δεν είναι Θεός - προσφέρουν μόνο τη γνώμη τους - ωστόσο θα πρέπει να σεβαστείτε τις γνώσεις του για τη δουλειά του καθώς και να αποδεχτείτε οποιαδήποτε κριτική στοχεύει στο κομμάτι σας. Να είστε λογικοί με τον εαυτό σας όταν δέχεστε κριτική, ειδικά όσον αφορά συγκεκριμένα σημεία που επικρίθηκαν. Κάντε ό,τι συμβουλεύει ο συντάκτης παρά τις αντιρρήσεις σας - με τον καιρό θα αναγνωρίσετε τη σοφία του!

Το 47ο κομμάτι μου "Welcome to Chez Andre", που γράφτηκε από κοινού με τον Christoph Bredau και υποβλήθηκε σε δύο εκδότες για εξέταση, απορρίφθηκε επειδή ήταν πολύ ριψοκίνδυνο. Όταν διαβάσαμε την επιστολή τους, μείναμε έκπληκτοι - το περιεχόμενο αυτού του κομματιού μπορείτε να το δείτε εδώ:

Ο Andre Lambrecht και ο Frank Wattenfall έχασαν τα πάντα στο χρηματιστήριο και αυτή τη στιγμή είναι άνεργοι, νοικιάζοντας μαζί ένα διαμέρισμα 2 δωματίων για να κρατήσουν το κόστος χαμηλά. Δυστυχώς, δεν έχουν παρουσιαστεί ακόμη ευκαιρίες απασχόλησης και έτσι έχουν ήδη τακτοποιήσει τις πληρωμές των ενοικίων τους.

Η σπιτονοικοκυρά τους Elfriede Krause δίνει τελεσίγραφο μιας εβδομάδας για να βρει δουλειά ή να πληρώσει ενοίκιο. αλλιώς τους θέλει έξω. Ο Αντρέ έχει μια εμπνευσμένη ιδέα. Μαζί αρχίζουν να προσφέρουν υπηρεσίες συνοδείας και συνοδείας για γυναίκες στο "Welcome to Chez Andre". Γρήγορα αποδεκτό από κυρίες που αναζητούν συντροφιά, γεύματα ή μασάζ από αυτές. αλλά γρήγορα τα πράγματα κλιμακώνονται πέρα από τις προσδοκίες καθώς η σπιτονοικοκυρά τους Elfriede Krause και η Tina κάνουν ό,τι μπορούν για να σταματήσουν αυτή τη δραστηριότητα - ωστόσο η αγάπη συνεχίζεται μεταξύ τους...

Εδώ, το παλαιότερο εμπόριο απεικονίζεται αρκετά χιουμοριστικά με τους παραδοσιακούς του ρόλους να αντιστρέφονται, δείχνοντας πόσο μακριά θα φτάσουν οι άνθρωποι για να βγάλουν χρήματα σήμερα, ενώ ταυτόχρονα δείχνει ότι οι γυναίκες είναι πολύ πρόθυμες να πληρώσουν χρήματα μόνο και μόνο για να περάσουν ποιοτικό χρόνο με τους άνδρες. Η εντύπωσή μας είναι ότι αυτό πέφτει κάτω από το δέρμα των ανδρών, όπως αποδεικνύεται από το ότι κάποιος ερωτεύεται μια πελάτισσα επειδή δεν αντέχει άλλο να λαμβάνει πληρωμές από αυτήν, δείχνοντας πολύ ανθρώπινη συμπεριφορά στη σκηνή ενώ παρέχει μεγάλη δραματουργική ψυχαγωγία. Επιπλέον, πολλές σκηνές ήταν αρκετά έντονες! Ωστόσο, μας ζητήθηκε να "εκτονώνουμε" τυχόν σκηνές που έφτασαν πολύ μακριά για τους εκδότες. και ένας εκδότης συμπεριέλαβε αυτήν την αναθεωρημένη έκδοση στο πρόγραμμά του. Ενώ βρήκαμε απογοητευτικό το γεγονός ότι το αρχικό μας κομμάτι δεν έγινε αποδεκτό - μερικές φορές οι συντάκτες διάβαζαν ανάλογα με τη διάθεσή τους και μόνο! Τούτου λεχθέντος, πρέπει να αντιμετωπιστεί.

Ας υποθέσουμε ότι λαμβάνετε μια τέτοια επιστολή από έναν εκδότη.
Έτσι, επιστρέφετε στη δουλειά - όχι ενοχλημένοι από την επιστολή του εκδότη σας, αλλά γεμάτοι ενέργεια και αισιοδοξία για τη δημιουργία κάτι πολύ μεγαλύτερου - ίσως καθώς κάνετε αλλαγές να ανακαλύψετε ότι έχει βελτιωθεί δραματικά. ή ίσως καταλάβετε πιο ξεκάθαρα πού έγιναν λάθη στο παρελθόν.
Αφήστε στην άκρη δύο ώρες για αναθεώρηση. ο εκδότης σας έχει διαβάσει το χειρόγραφό σας και μπορεί να έχει επισημάνει λάθη. Επομένως, θα πρέπει να το υποβάλετε μόνο για δεύτερη φορά όταν έχει επιλυθεί κάθε μεμονωμένο σημείο κριτικής.

Τώρα ας κάνουμε τα πράγματα ακόμα καλύτερα: Φανταστείτε να λαμβάνετε είδηση ότι το έργο σας θα δημοσιευτεί για πρώτη φορά - τι απίστευτο συναίσθημα πρέπει να είναι αυτό. Τουλάχιστον έχετε ξεπεράσει ένα τεράστιο εμπόδιο και έχετε φτάσει ως εδώ. Θεωρείται επιτυχία; Απολύτως - οπότε δώστε στον εαυτό σας την άδεια να αισθανθείτε περήφανοι για όσα έχουν ήδη επιτευχθεί εδώ.
Μόλις δημοσιευτεί το έργο σας, δεν μπορείτε να κάνετε πολλά παρά να υπογράψετε ένα συμβόλαιο με έναν εκδότη (θα καλύψω τα συμβόλαια πιο αναλυτικά στο Κεφάλαιο 12) και ελπίζω να προσφέρουν το έργο σας μέσω καταλόγων που αποστέλλονται απευθείας σε θεατρικές ομάδες κάθε χρόνο ή μέσω διαδικτυακές πλατφόρμες δημοσίευσης όπως οι ιστότοποι του Publisher.
Τώρα έρχεται η επόμενη πρόκληση - να προσεγγίσετε θεατρικές ομάδες με το έργο σας. Οι ομάδες παιχνιδιού συχνά παραγγέλνουν προγράμματα προβολής από εκδότες. Δεν θα

ήταν υπέροχο αν οι σκηνοθέτες παιχνιδιών έβρισκαν τη δουλειά σας αρκετά ενδιαφέρουσα ώστε πολλά θέατρα να παρήγγειλαν προγράμματα προβολής από τον εκδότη σας; Δυστυχώς, καταλαβαίνω την απογοήτευσή σας. δυστυχώς δεν θα ξέρετε ποια στάδια είδαν το κομμάτι σας. γενικά (ανάλογα με τον εκδότη) μόνο αφού κάποιος επιλέξει την εργασία σας θα μάθετε λεπτομέρειες όπως η τοποθεσία της ομάδας παραστάσεων και οι ημερομηνίες παραστάσεων.

Όταν το κομμάτι σας παίζεται για πρώτη φορά, το ονομάζουμε εναρκτήρια παράσταση ή πρεμιέρα. και συχνά εσείς, ως συγγραφέας του, καλείστε να παρευρεθείτε σε αυτή την ιστορική βαρυσήμαντη περίσταση. Και δεν πρέπει να απορρίψετε μια τέτοια προσφορά! Το να βλέπεις τους χαρακτήρες, την ιστορία και την ιδέα σου να ζωντανεύουν μπροστά στα μάτια σου είναι πραγματικά συναρπαστικό. πίστεψέ με; Το ξέρω εκ πείρας. Ίσως το γκρουπ να μην εκτελεί το κομμάτι σας με τον αναμενόμενο τρόπο, αλλά όποιο κι αν είναι το αποτέλεσμα μπορεί να προσθέσει περισσότερο δράμα για όλα τα εμπλεκόμενα μέρη!

Είστε κι εσείς ενθουσιασμένοι; Ωστόσο, αν η ομάδα αναφέρει ότι οι πρόβες ήταν ευχάριστες και τους άρεσε να ανεβάζουν το έργο. Η κριτική του Τύπου είναι θετική και οι αριθμοί του κοινού ταιριάζουν, τότε το κομμάτι σας μπορεί να προχωρήσει όπως είχε προγραμματιστεί και να το μετρήσει ως προσωπική σας επιτυχία.

Ξεφυλλίστε οποιαδήποτε βιβλιοθήκη με μυθιστορήματα και γρήγορα θα συνειδητοποιήσετε ότι υπάρχουν πολλοί διαθέσιμοι εκδότες. δυστυχώς οι θεατρικοί συγγραφείς δεν έχουν τόσες πολλές επιλογές στη διάθεσή τους. Υπάρχουν όμως θεατρικοί εκδότες που εκδίδουν τα έργα μας με πολύ λογικούς όρους, και μερικοί μάλιστα το κάνουν εξαιρετικά καλά. Νομίζω ότι η οικοδόμηση σχέσεων με τους εκδότες σε αυτούς τους εκδοτικούς οίκους είναι το κλειδί. Αρχικά, είναι σκόπιμο να περιηγηθείτε στους διαθέσιμους εκδότες στο διαδίκτυο και να προσδιορίσετε ποιος(οι) θα μπορούσε να φιλοξενήσει καλύτερα το κομμάτι σας. Καθώς έγραφα κομμάτια διαλέκτου καθώς και κομμάτια κάτω γερμανικών από την αρχή, ο Mahnke Verlag στο Βέρντεν πρόσφερε τη μεγαλύτερη επιλογή θεατρικών θεατρικών έργων της κάτω γερμανικής γλώσσας (www.Mahnke-Verlag.de). Μερικά από τα κομμάτια μου μπορούν να βρεθούν εκεί ακόμα και σήμερα!

Υπάρχουν όμως και εκδότες που ειδικεύονται σε έργα της κάτω γερμανικής γλώσσας και κομμάτια διαλέκτου. Από το 2008, τα περισσότερα έργα μου έχουν εκδοθεί από την Plausus Theaterverlag στη Βόννη (www.Plausus.de) τόσο σε χαμηλές όσο και σε ανώτερες γερμανικές εκδόσεις.

Η αναζήτηση στο διαδίκτυο για εκδότες θα αποκαλύψει αρκετούς άλλους, όπως τον εκδοτικό οίκο Reinehr στο Muhltal (www.Reinehr.de), το γραφείο πωλήσεων και τον εκδοτικό οίκο Γερμανών θεατρικών συγγραφέων Norderstedt (vertriebsstelle.de) ή τον εκδοτικό οίκο Rieder theatre Wemding (Theaterverlag-Rieder .de) μεταξύ πολλών άλλων. Ωστόσο, ορισμένοι εκδότες ειδικεύονται σε ορισμένους τομείς, όπως παιδικά έργα ή δράματα κ.λπ.

Δεν μπορώ να σας πω ποιος εκδότης θα λειτουργήσει καλύτερα για εσάς. Το μόνο που μπορώ να πω είναι ότι εδώ και χρόνια, μου αρέσει να συνεργάζομαι στενά με τους Plausus-Verlag στη Βόννη και Mahnke-Verlag στο Verden.

Είχα όμως και κάποιες αρνητικές εμπειρίες.

Τι πρέπει να λάβετε υπόψη και να δώσετε προτεραιότητα στην ίδρυση ενός εκδοτικού οίκου θεάτρου; Αρχικά ένας οκτάχρονος ηγήθηκε δικαστικής διαμάχης. Ποιοι παράγοντες είναι λοιπόν σημαντικοί για τη λήψη αποφάσεων σχετικά με την ιδιοκτησία του εκδοτικού οίκου θεάτρου;

Ως συγγραφέας, είναι σημαντικό να δημιουργήσετε ισχυρούς δεσμούς με τον εκδότη σας και τους υπαλλήλους του εκδότη. οποιαδήποτε θεατρική ομάδα δεν πρέπει να υποβάλλει παράπονα για τον εκδότη σας. Στη συνέχεια, το έργο σας μεταφέρεται στον εκδότη, ο οποίος πρέπει να το προσφέρει δίκαια και να αντιμετωπίζει τις θεατρικές ομάδες δίκαια και δίκαια. Εάν μια ομάδα θεάτρου ασκήσει κριτική κατά του εκδότη σας για τον τρόπο που δημοσιεύτηκε το έργο σας, λάβετε μέτρα για να το αντιμετωπίσετε αμέσως. Εάν η εργασία σας δεν έχει γίνει αποδεκτή σταδιακά για πολλά χρόνια λόγω προβλημάτων ποιότητας. Ωστόσο, εάν τα σφάλματα ανήκουν σε αυτούς και όχι στον εαυτό σας, τότε μπορείτε να το εκφράσετε ελεύθερα.

Οι ιστότοποι των εκδοτών μιλούν πολύ για τη δουλειά τους. Αν και προορίζονται κυρίως για θεατρικές ομάδες, οι συγγραφείς θα πρέπει επίσης να βρίσκουν εύκολα κατανοητές θεατρικές σελίδες για να περιηγηθούν με ευχαρίστηση.

Παρακαλούμε αφιερώστε χρόνο στην περιήγηση σε ιστότοπους. απλώς η κύρια σελίδα μπορεί συχνά να αποκαλύψει πολλά για τον εκδότη της.

Αν βρίσκω την αρχική σελίδα ενός εκδοτικού οίκου με μόνο κανονισμούς απόδοσης συγκλονιστική, αυτό μιλάει πολλά για τον ιδιοκτήτη του και πιθανώς υποδηλώνει αρνητικά συναισθήματα για αυτόν τον εκδοτικό οίκο. Δεν περιμένω ότι θα βρείτε επίσης τέτοιους εκδότες ελκυστικούς. Επομένως, είναι καλύτερο να αποφεύγετε τέτοιους εκδότες.

Αν δυσκολεύεστε να επιλέξετε με ποιον εκδότη θα πάτε και δυσκολεύεστε να αποφασίσετε μόνο στο διαδίκτυο, καλέστε απευθείας τον εκδότη και ρωτήστε εάν θα σκεφτόταν καν να δημοσιεύσει το έργο σας μέσω τηλεφώνου. Κάνοντας αυτό δίνει άλλη εντύπωση. αν υπάρχει κάποιος αντιεπαγγελματίας και αγενής στην άλλη άκρη της γραμμής, τότε σκεφτείτε αν θα θέλατε να σας συμπεριφέρονται έτσι σε μελλοντικές συναλλαγές (έχω συναντήσει ανθρώπους που περιγράφουν τους εαυτούς τους ως συντάκτες για εκδότες θεάτρου, αλλά έγραφαν "πρεμιέρα" με ένα " α". Πιστέψτε με - Δεν ήταν καν ψέματα!).

Μάθετε εάν ένας εκδότης είναι κατάλληλος για το χειρόγραφό σας, επισκεπτόμενοι τον ιστότοπό του και αναζητώντας τη βάση δεδομένων των βιβλίων του προς δημοσίευση. Για παράδειγμα, εάν έχετε γράψει κάτι στα Κάτω Γερμανικά Mahnke, το Plausus ή το VVB θα ήταν πιθανότατα οι καλύτερες επιλογές σας. αλλά να είστε υπομονετικοί, καθώς αυτή η διαδικασία μπορεί να πάρει κάποιο χρόνο μέχρι να έρθει μια απάντηση από αυτούς. Ωστόσο, ορισμένοι εκδότες θα επιβεβαιώσουν την παραλαβή της εργασίας σας μέσω ταχυδρομείου. άλλοι μπορεί να επικοινωνήσουν μαζί σας μέσω τηλεφώνου ή email. αλλά αν δεν υπάρξει επιβεβαίωση μετά από αρκετούς μήνες, τότε θα ζητούσα πίσω το χειρόγραφό μου από αυτούς. Οι εκδότες του θεάτρου φαίνεται να ισχυρίζονται ότι λαμβάνουν πολλά χειρόγραφα κάθε μέρα χωρίς αρκετό χρόνο για απάντηση ή απάντηση.

(Άλλοι εκδότες μπορεί να ισχυριστούν διαφορετικά.) Εάν γνωρίζετε άλλους θεατρικούς συγγραφείς, μάθετε με ποιους εκδότες συνεργάζονται. Σε γενικές γραμμές, δεσμεύεστε μόνο σε έναν εκδότη όταν δημοσιεύετε ένα κομμάτι. Τα επόμενα κομμάτια μπορούν πάντα να προσφερθούν αλλού, εάν το επιθυμείτε.

Μόλις βρείτε έναν εκδότη και το χειρόγραφό σας έχει κερδίσει ενδιαφέρον, θα συνταχθεί ένα συμβόλαιο που πρέπει να υπογράφουν και τα δύο μέρη. Κάθε συμβόλαιο μπορεί να διαφέρει ελαφρώς.
Μην ανησυχείς! Οι μεμονωμένοι εκδότες δεν θα δώσουν προσοχή. Αυτό που έχει μεγαλύτερη σημασία είναι ο καθορισμός των δικαιωμάτων και των υποχρεώσεων του δημιουργού και του εκδότη. καθώς και συζήτηση για τα οικονομικά και τη διάρκεια.

Ως συγγραφέας, ενδείκνυται μόνο να εκχωρήσετε στον εκδότη τα απαραίτητα δικαιώματα για ηχογράφηση στο ραδιόφωνο και την τηλεόραση, τη δημιουργία ταινίας και τη μετάφραση σε άλλες γλώσσες. Παραμένετε όμως ο αρχικός δημιουργός - απλώς παραχωρείτε δικαιώματα χρήσης. Εάν κάτι στη σύμβαση δεν ανταποκρίνεται στην έγκρισή σας, απλώς ειδοποιήστε το και συζητήστε πιθανές τροποποιήσεις - ίσως μια παράγραφος ή ένας κανονισμός μπορεί να αλλάξει ανάλογα!

Φυσικά, η κατανομή δικαιωμάτων είναι αναπόσπαστο στοιχείο κάθε σύμβασης και συνήθως ο συγγραφέας λαμβάνει το 70% - ο εκδότης το 30%.
Τα δικαιώματα διάρκειας και καταγγελίας μπορεί να είναι ένα επίπονο σημείο συζήτησης στα συμβόλαια, ωστόσο φροντίζω πάντα να περιλαμβάνουν σαφείς λεπτομέρειες σχετικά με τη διάρκεια και τα δικαιώματα ακύρωσης (π.χ. κάθε 31 Δεκεμβρίου με περίοδο προειδοποίησης 3 μηνών και αυτόματη ανανέωση εάν δεν ακυρωθεί).
Να είστε προσεκτικοί, ωστόσο: εάν δεν υπάρχουν πληροφορίες στη σύμβαση σχετικά με τη διάρκειά της και γίνεται μόνο αναφορά στην περίοδο νομικής προστασίας της, αυτό δεν σημαίνει τίποτα άλλο από το ότι το χειρόγραφό σας εμπίπτει στα πνευματικά δικαιώματα - με άλλα λόγια, μέχρι μετά το θάνατό σας (70 χρόνια μετά τη σφαγή!). Σας συμβουλεύω να υπογράφετε μόνο συμβάσεις που διαρκούν 3 έως 5 χρόνια με αυτόματη ανανέωση κάθε χρόνο στη συνέχεια - ακόμα κι αν η καταγγελία συμβεί μετά από 5 χρόνια, θα πρέπει να γίνει αποδεκτή, αντί να δεσμεύεστε μέχρι το τέλος της ζωής σας!

Φροντίστε να δώσετε λεπτομέρειες σχετικά με τη διάρκεια της σύμβασης!

Καθώς αναζήτησα εκδότη για το πρώτο μου έργο το 1990, υπέγραψα το συμβόλαιό μου χωρίς να δώσω ημερομηνίες ή προθεσμίες για τους ηγέτες των ομάδων παραστάσεων για να δεχτούν τα κομμάτια μου, υπογράφοντας αφού το καθένα απορρίφθηκε εντελώς από αυτόν τον εκδότη. Εάν αυτό συμβεί ξανά και οι αρχηγοί των ομάδων απόδοσης επικοινωνήσουν μαζί σας και αρνηθούν να τις εκτελέσουν εξαιτίας αυτών των συμβολαίων -όπως συνέβη στην περίπτωσή μου- τότε τα χέρια σας θα είναι τελείως δεμένα από αυτούς και αυτό το λάθος σας αναγκάζει να πολεμήσετε τον δικηγόρο σας για 8 χρόνια για να βγείτε έξω . Τελικά την 1η Απριλίου 2008 κερδίσαμε και βγήκαμε. Χρειάστηκε και δύναμη και νεύρα.

Να είστε έξυπνοι: κάντε την επιλογή ενός «εξαιρετικού» εκδότη!!!

Έχετε αναρωτηθεί ποτέ πόσο εισόδημα δημιουργεί μια καριέρα θεατρικού συγγραφέα; Λοιπόν, εδώ είναι η ευκαιρία σας να ανακαλύψετε αυτήν την απάντηση με ειλικρίνεια - όσο οι στρατιώτες ή οι εργαζόμενοι λαμβάνουν μισθούς, οι θεατρικοί συγγραφείς λαμβάνουν δικαιώματα μέσω των εκδοτών που δημοσίευσαν το έργο σας.

Τα χρήματα θα είναι πληρωτέα μόνο όταν το έργο σας έχει παιχτεί από μια θεατρική ομάδα και έχουν τακτοποιήσει τους λογαριασμούς τους με τον εκδότη μετά την ολοκλήρωση της σεζόν. Όσο για το πότε και πόσο σύντομα φτάνουν αυτά τα χρήματα: θα μπορούσε να πάρει λίγο χρόνο. Ορισμένοι εκδότες διακανονίζουν λογαριασμούς με συγγραφείς αμέσως μετά από διακανονισμό με θεατρικές ομάδες, ενώ άλλοι στέλνουν δηλώσεις δικαιωμάτων εκμετάλλευσης ανά τρίμηνο - ενώ άλλοι στέλνουν ακόμη και ετήσιες δηλώσεις όπως απαιτείται.

Πώς υπολογίζεται αυτό; Κάθε θεατής που παρακολουθεί το έργο σας πρέπει να πληρώσει ένα αντίτιμο εισόδου. Όπως γνωρίζει όποιος επισκέπτεται τακτικά επαγγελματικό ή ερασιτεχνικό θέατρο, οι ομάδες διαφέρουν σημαντικά ως προς τη συχνότητα των παραστάσεων, το μέγεθος των αιθουσών που χρησιμοποιούνται και τις τιμές εισόδου που χρεώνονται ανά θέση - Γνωρίζω ομάδες που παρουσιάζουν μόνο 3 παραστάσεις σε αίθουσες που φιλοξενούν 100 μέλη 4 ευρώ το ένα ενώ οι άλλοι εκτελούν 40 παραστάσεις σε αρκετές εβδομάδες που χωρούν 350 καλεσμένους με περίπου 12 ευρώ η καθεμία! Και έτσι η διαδικασία συνεχίζεται χωρίς τελικό σημείο!

1. Φανταστείτε μια θεατρική ομάδα να παίζει το έργο σας πέντε φορές με εισιτήριο πέντε ευρώ ανά θεατή και να είναι εντελώς sold-out κάθε φορά. με το συνολικό εισόδημα να είναι 2500 ευρώ μόνο από αυτή την παράσταση και το 10% ή 250 ευρώ να πηγαίνει στον εκδότη. από αυτό το ποσό το 70% θα επέστρεφε σε εσάς ή 175 ευρώ θα πήγαιναν απευθείας στις τσέπες σας ως πληρωμή από αυτήν την ομάδα.

Γιατί έγραψα «θα»; Λοιπόν - οι εκδότες συνήθως καθορίζουν ένα ελάχιστο ποσοστό ανά απόδοση που πρέπει να καταβληθεί εάν το εισόδημα πέσει κάτω από ορισμένα ποσά, συνήθως περίπου 70 ευρώ στο πρώτο μας παράδειγμα. Σε αυτήν την περίπτωση, αυτή η ομάδα δεν θα έφτανε αυτό το ελάχιστο όριο και ως εκ τούτου θα έπρεπε να πληρώσει 70 ευρώ καθώς δεν θα πληρούσε το ελάχιστο ποσοστό ανά απόδοση. Αυτό σημαίνει ότι 350 ευρώ θα πήγαιναν κατευθείαν στα ταμεία των εκδοτών ενώ 70 ευρώ από αυτά αξίζουν 245 ευρώ για εσάς (70/20= 245)

Ακούω πολλές θεατρικές ομάδες να διαμαρτύρονται για αυτόν τον κανονισμό. Ειδικά τα «μικρά» στάδια τείνουν να το βρίσκουν πολύ ενοχλητικό. Ωστόσο, οι εκδότες επιβάλλουν βαρύ κόστος χωρίς αυτή τη συμφωνία και θα ήταν σχεδόν αδύνατο να επιβιώσουν χωρίς αυτό το πλαίσιο. έτσι με τη σειρά του αυτό ωφελεί και εμάς, τους συγγραφείς. Πίστεψέ με; Χωρίς αυτόν τον κανονισμό όλα τα στάδια πιθανότατα θα πληρώνουν μόνο 30 ή 40 ευρώ ανά παράσταση!

Δεν νομίζω ότι τα στάδια πρέπει να διαμαρτύρονται. Ανεξάρτητα από το πόσα χρήματα εισέρχονται, το 90% εξακολουθεί να παραμένει στην ομάδα του! Αυτό φαίνεται δίκαιο!

2. Παράδειγμα: Ας υποθέσουμε ότι το θέατρό σας χωράει 1000 άτομα. Τα τέλη εισόδου ανά άτομο ήταν 12 ευρώ σε 16 διαφορετικές ημερομηνίες κατά την οποία πραγματοποιήθηκε η παράστασή σας. θα το παρακολουθούσαν συνολικά 12.454 θεατές.

Ακούγεται ωραίο; Λοιπόν μακάρι! Δυστυχώς δεν έχω λάβει ποτέ τέτοιο ποσό από μια ομάδα, αλλά ο στόχος μου εδώ είναι απλώς να δείξω πώς η χρέωση μπορεί να ποικίλλει μεταξύ των σταδίων - θα μπορούσατε να λάβετε μόλις 70 ευρώ από ένα και σχεδόν 1000 από άλλο!

Εάν δημοσιεύσετε ένα άρθρο γραμμένο στα ανώτερα γερμανικά και αναθέσετε σε έναν μεταφραστή να το μεταφράσει στα Κάτω Γερμανικά ή σε άλλη γλώσσα, θα πρέπει φυσικά να λάβουν δικαιώματα. εξάλλου, έχουν κάνει πολλή δουλειά μεταφράζοντας το. Το μερίδιό τους ανέρχεται συνήθως στο 20%.

Ελπίζουμε να νιώθετε ικανοποιημένοι, καθώς τώρα γνωρίζετε περίπου ποιες είναι οι δυνατότητες κερδών σας όταν κάνετε παιχνίδια.

Είχα ήδη ολοκληρώσει 40 πολύπρακτα όταν με επισκέφτηκε η Έλκε Σίμερς πριν από περίπου τρία χρόνια για να μιλήσει ξανά για τη ζωή της. Είναι μια εξαιρετική παιδιατρική νοσοκόμα και καθηγήτρια θεάτρου που αφηγείται ιστορίες με τόσο ελκυστικό, μοναδικό τρόπο που πρέπει πάντα να αποτυπώνεται σε ταινία. Το να ακούς τις ιστορίες της είναι πραγματικά απολαυστικό. πριν από χρόνια συνειδητοποιήσαμε ότι μπορούσαμε να δημιουργήσουμε απίστευτες ιστορίες μαζί. Ναι, αν αφήσουμε τη φαντασία μας να τρέξει ελεύθερη για μια ώρα, ένα πλήρες παιχνίδι μπορεί να αναδυθεί σχεδόν ακαριαία. δυστυχώς μόνο στο κεφάλι μας στην αρχή. Πολλές ιδέες εγκαταλείφθηκαν από τότε γρήγορα. Κάποια στιγμή μου έγινε φανερό ότι είχε μια τόσο συναρπαστική και συναισθηματικά φορτισμένη ιστορία να μοιραστεί, πολλές από την προσωπική της εμπειρία, που ήξερα ότι θα οδηγούσε σε κάτι.

Τώρα μπορεί να ρωτάτε πώς λειτουργεί το γράψιμο μαζί - «γράφοντας μαζί». Μέχρι εκείνο το σημείο είχα συναντήσει δύο προσεγγίσεις. Ο Έλκε είχε ήδη ολοκληρώσει πολυάριθμα έργα: πίνακες ζωγραφικής, παραστάσεις επί σκηνής, συγγραφή ποίησης και σύντομες νουβέλες καθώς και θεατρικά έργα. τα επιχείρησε ακόμη και η ίδια! Μέχρι τότε η Έλκε είχε ζωγραφίσει πολλές εικόνες, είχε γράψει ποιητικές ιστορίες μικρά μυθιστορήματα, αλλά αρνήθηκε να γράψει σε στυλ διαλόγου ως το φόρτε της - σύμφωνα με τα λόγια της.

Αυτή ήταν η εναρκτήρια εμπειρία μου από τη συλλογική συγγραφή. Την άνοιξη του 2008 συνεργαστήκαμε ξανά, αυτή τη φορά με τον Christoph Bredau ως συν-σεναριογράφο μου.
Η συγγραφή με τον Christoph ήταν αρκετά μοναδική. Κάποια στιγμή αρχίσαμε να συζητάμε για το θέατρο και είχαμε την ιδέα για μια κωμωδία στην οποία δύο νεαροί προσφέρθηκαν ως «αρσενικές ιερόδουλες». (Αυτή η ιδέα προέκυψε κατά τη διάρκεια μιας από τις προηγούμενες συνεδρίες συγγραφής μου με τον Christoph.) Έχω γράψει στο παρελθόν ένα άλλο σενάριο κωμωδίας που χαρακτηρίζει αυτήν την ιδέα (Δείτε την προηγούμενη ενότητα για λεπτομέρειες.)
Ήταν συναρπαστικό που μου ήρθε ο τίτλος για το έργο μου πριν καν το γράψω: «Καλώς ήρθες στον Chez Andre». Αρχικά σκεφτήκαμε να ονομάσουμε την παράσταση "Chez Roger", αλλά αυτό μπορεί να παρουσίαζε κάποιες δυσκολίες για τους ηθοποιούς που την ερμηνεύουν καθώς πρέπει να επαναλαμβάνεται συχνά στη σκηνή. Λίγο πριν το τέλος αλλάξαμε τον Ρότζερ σε Αντρέ. Ο Christoph κατάγεται από τον Κάτω Ρήνο και εργάζεται ως νοσοκόμα στο επάγγελμα. μανιώδης κινηματογραφόφιλος κάνει το σπίτι του

κάτι παρόμοιο με έναν πραγματικό κινηματογράφο! Ενώ ενδιαφέρεται πολύ για το θέατρο ως δραστηριότητα - αν και ίσως όχι προδιατεθειμένη για αυτό το επάγγελμα. Από την αρχή, ήξερε ότι πρέπει να συν-γράψουμε αυτό το κομμάτι μαζί - που σημαίνει να καθόμαστε μαζί σε έναν υπολογιστή καθώς γράφουμε και να καταλήγουμε στην πλοκή του καθώς πληκτρολογούμε. Στην αρχή ήταν ένα άγνωστο και άγνωστο στυλ γραφής για μένα. Κατά καιρούς υπήρχαν προτάσεις από τον εκδότη μου που δεν ήταν κάτι με το οποίο συμφωνούσα - αν και μερικές φορές το αντίστροφο. Κάθε τόσο έπρεπε να χαλιναγωγήσω τον ενθουσιασμό του όταν οι ιδέες του πήγαιναν πολύ μακριά. αλλά σε πολλές περιπτώσεις έγραψε πράγματα που δεν θα μπορούσα ποτέ να τα είχα γράψει, τα οποία ήταν λαμπρά και διορατικά. Πολλές σκηνές βελτιώθηκαν μόνο μέσω αυτής της συνεργασίας. και πιστεύουμε ότι πρέπει να είμαστε περήφανοι για τα αποτελέσματά της. Τουλάχιστον ήμασταν και οι δύο εξαιρετικά ικανοποιημένοι με το "Chez Andre" και αφού το τελειώσαμε αποφασίσαμε να μην το παρατήσουμε και αυτή τη στιγμή εργαζόμαστε για τη δεύτερη κωμωδία μας: "Four Hands for an Udder", η οποία ελπίζουμε να είναι έτοιμη μέχρι το φθινόπωρο του 2008.

Όπως φαίνεται, υπάρχουν διάφορες προσεγγίσεις στο να γράφεις μουσική με άλλο άτομο. Εάν επιλέξετε να συνθέσετε ολόκληρο το κομμάτι ως ζευγάρι, να έχετε υπόψη σας ότι κανένας από τους εταίρους δεν πέφτει θύμα να δουλεύει μόνος του κατά καιρούς, καθώς αυτό θα μπορούσε να θεωρηθεί άδικο για τον έναν ή και τους δύο συντρόφους.
Θα πρέπει να προτιμάτε να γράφετε μαζί ή μόνοι; Κανείς δεν πρέπει να αναβάλει να κάνει ό,τι είναι καλύτερο για αυτούς - δεν θα αποθαρρύνω να γράφω μαζί, αλλά θα ήθελα να τονίσω ότι λειτουργεί εξίσου καλά όταν γίνεται μόνος - σίγουρα θα ξαναγράψω την 50η δουλειά μου σόλο ξανά αυτή τη φορά! Βρείτε το δικό σας τρόπο και στυλ όταν πλησιάζετε να γράφετε μαζί ή μόνοι!

ΤΟ ΤΕΛΟΣ

Οι επεξεργασίες και η διάταξη αυτής της έντυπης έκδοσης είναι πνευματικά δικαιώματα © 2024
από τη Natasha Tillett Slayton

www.ingramcontent.com/pod-product-compliance
Lightning Source LLC
Chambersburg PA
CBHW081953160726
47999CB00008B/2614